I0470086

www.ingramcontent.com/pod-product-compliance
Lightning Source LLC
Chambersburg PA
CBHW022102170526
45157CB00004B/1447

9781452860466

أف. فرنكوويسكي
ترجمة: حسن الصحاف

دعوة لفهم الجمال

222Data

عنوان الكتاب أصل الترجمة العربية والمعلومات الببليوغرافية باللغة الإنجليزية.
(الترجمة الإنجليزية عن اللغة البولندية):

F. Frankowski. Plea for Beauty. Orbis, LTD: London. 1947.

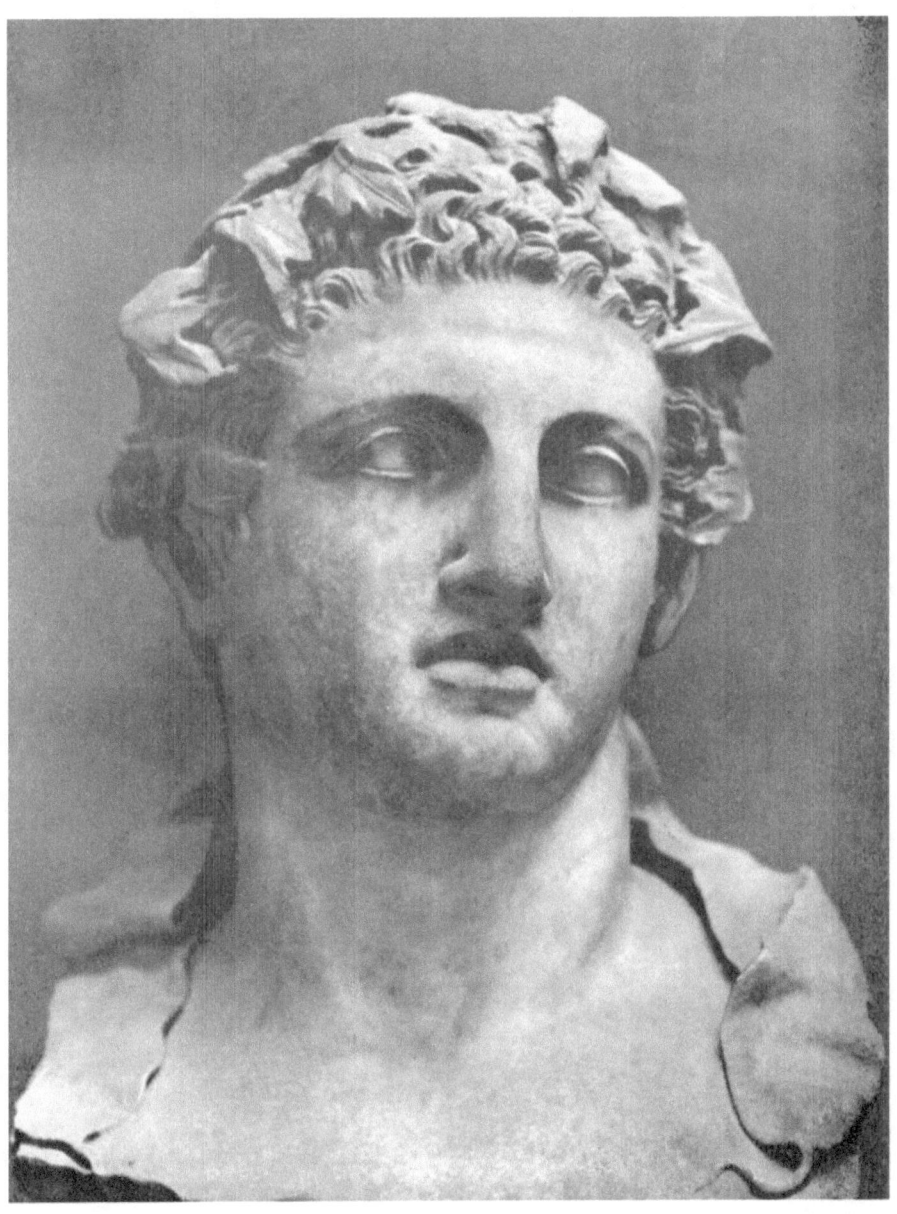

تمثال نصفي - هيركوليز

تأليف: أف فرنكوويسكي
ترجمة: حسن الصحاف
دعوة لفهم الجمال
جميع الحقوق محفوظة للمترجم
© 2012
الطبعة الثانية
الغلاف من تصميم الفنان حسن الصحاف
الناشر: 222Data

F. Frankowski
Translator: Hassan Al-Sahaf
Dawa lefahm eljamal
English title: Plea For Beauty
2nd edition
Cover designed by artist Hassan Al-Sahaf
Publisher: 222Data.
© 2012
Library of Congress Control Number: 2010929907

ISBN 9781452860466

الفن والجمال وجهان لعملة واحدة.
حسن الصحاف.

المحتويات

مقدمة المترجم للطبعة الثانية	11
مقدمة المترجم	13
قائمة اللوحات الإيضاحية	17
المقدمة	21
الفصل الاول: نقيض الجمال	27
الفصل الثاني: أنماط النقد الفني	35
الفصل الثالث: الذاتانية فى الفن	41
الفصل الرابع: الميثاق الفني ودرجات الموضوع	51
الفصل الخامس: المواصفات التجريبية الجمالية:	
الفنان والمشاهد	59
الفصل السادس: العمل الفني المكتفي بذاته والديكوري	69
الفصل السابع: ملاحظات حول بعض العهود الماضية	
مقيمة بمواصفات قيم الموضوع	75
الفصل الثامن: النزعة الحديثة	87
الفصل التاسع: دروس الخبرة	95
الخاتمة	99
الهوامش	101

9

مقدمة المترجم - الطبعة الثانية

ليس هناك ثمة جديد يستحق الذكر في هذه الطبعة الجديدة سوى تغيير بسيط في الإخراج العام للكتاب و تنقيح بسيط للنص من الناحية اللغوية قواعدياً وإملائياً وترجمةً، كذلك تم أحداث تغيرٌ كلي في تصميم الغلاف وإخراجه؛ جميع هذه التغيرات البسيطة تهدف إلى تسهيل قراءة فصول الكتاب والإلمام بفكرته الرئيسية.

عسى أن يحوز التغيير و التجديد الإعجاب ويوصل فكرته الأساسية.

حسن الصحاف

2010

مقدمة المترجم

شاءت الصدف عزيزي القارئ أن أجد هذا الكتاب الذي بين يديك في مكتبة لبيع الكتب القديمة في مدينة بوسطن بالولايات المتحدة الأمريكية وكان بحالة جيدة سوى إصفرار الأوراق نتيجة القدم؛ وقد قمت بقراءته مرات عدة منذ أن إشتريته، وفي كل قراءة، أشعر بأن هذا الكتاب الذي بين يدي عصري جدا، وإن مكتبتنا العربية بحاجة إليه، وإن الكثير من فنانينا التشكيليين العرب، أيضا، بحاجة لإطلاع على فكر مؤلفه. من هذا المنطلق عزمت على ترجمة مادته إلى العربية، متمنيا أن يضيف شيئا جديدا إلى الحركة التشكيلية التي تزدهر يوما بعد يوم. ولابد لي هنا من الإشارة إلى أني لا اتفق مع المؤلف في كثير من النقاط وخصوصا تلك المتعلقة بالفن الحديث ومدارسه المتعددة، في القرن العشرين؛ ولكن لكوني اعي جيدا بان مؤلف الكتاب كتب ما كتب والعالم الغربي بشكل خاص يعيش

حالة مأساوية فكريا وروحيا وأخلاقيا بعد أن أدمته رحى الحرب العالمية الأولى والثانية، لذا فإنه لم يرى من الفن الحديث سوى العبث والضعف وعدم القدرة على تحقيق المستوى المأمل منه. وان هذه النظرة المتشائمة والموقف النقدي غير العادل شمل أيضاً مختلف مجالات الفكر والحياة لتلك الحقبة. ولقد ارتأيت أن اترك للقارئ حرية التفاعل مع ما يطرحه المؤلف من دون إبداء رأي أو تعليق من جانبي حول هذا الموضوع.

ولا بد من القول هنا إن المسئولية الوحيدة تقع على عاتقي أنا وحدي إن وجد خطأ ما في الترجمة أو قصور في ناحية ما، وهو ما أتمنى تلافيه مستقبلا.

كما لا يفوتني على الإطلاق تقديم جزيل الشكر والامتنان لكل من ساهم معي في إخراج هذا العمل إلى النور بقراءة النص العربي وإبداء المقترحات اللغوية والنحوية وخلافه.

أتمنى لكم قراءة ممتعة.

حسن الصحاف

1995

2012

قائمة اللوحات الإيضاحية

من أجل تأسيس هذا البحث شبه النظري، صور فوتوغرافية لبعض اللوحات والمنحوتات أختيرت من أجمل حقب تطور الفن أدرجت إلى صفحات هذا الكتاب. ليس هناك ثمة تعليق على هذه اللوحات ولكن الأمر ترك للقارئ ليرجع إليها مع قراءته للفصل الذي يتعلق بها. وتأتي على الترتيب التالي:

1 - "تمثال نصفي لهيركوليز" فى الاعتقاد أن يكون نسخة إغريقي / روماني أخذ من مدرسة" سكوباس "وقد وجد فى مدينة "جينزانوا".

المتحف البريطاني - لندن.

2 - "رأس مثالي أغريقي" القرن الرابع - ق.م.

متحف ديلي تيرمي دايوكيزانى - روما.

3 - " العذراء بالرداء الذهبي" "رفائيل سانتى".

بهو "ديجلى أوفيزي" - فلورنسا.

4 - "صورة فتاة" ميناردي. باستينى.

(يعتقد سابقاً انها للفنان "دومينيكو جيرلنديو")

البهو الوطني - لندن.

5 - "الإختلاف على أعظم حدث مقدس" رفائيل سانتي

الفاتيكان - روما.

6 - "رفع مريم العذراء إلى السماء بعد موتها" (تفاصيل) "تيشن".

كنيسة القديسة ماريا جلروسا دي فراري - البندقية.

7 - "القديس وملاك الحب" (تفصيل) "تيشن." (جلريا برغوزا)

روما.

8 - " آلهة الحكمة" (عند الأغريق) "رمبرنت" (هارمينر فانراين.)

مجموعة جولبنكن.

مُعارة للبهو الوطني - لندن.

9 - "حديقة ايليزية" واتو (انطونى) مجموعة وليس _ لندن.

10 - "أنتيبيوس" رخام معتق.

متحف " اللوفر" باريس.

المقدمة

ربما يَستفسر البعض، لماذا اختير هـذا الوقت بالذات للفت إنتباه القارئ لبعض هذه الملاحظات القليلة حول الفن ومجال النقد الفني و الاستيطيقا (علم الجمال). وللإجابة على هذا الاستفسار يجب علينا، بالطبع، أن نُزود القارئ ببعض التوضيحات. نحن نعيش في حاضرنا الآن عهداً من حالة الارتباك العظيم سياسياً و اجتماعياً و اقتصادياً، وتبعاً لذلك يُعتقد أن الجهُود الفكرية والعقلانية و الروحية يجب توجيهها برمتها نحو إنقاذ الوجود المهدد للكثير من الشعوب المعذبة، اما النقاش حول الفن فيتطلب أن يتم تناوله في ما بعد. لهذا انه من الخطأ أن يكون التفكير على هذا النحو.

إن حالة الإنسان بالفعل مأساوية، فوق ما يتصور و في خطر عظيم؛ بالتأكيد أعظم مما يتصوره البعض من مفكرينا المعاصرين. العالم بدأ الدخول في عالم حالك الظلمة. في حقل المعرفة الإنسان من جديد يمد يده إلى الفاكهة المسمومة فقط من شجرة التدمير. المستقبل المنظور لحياتنا يسيطر عليه الكذب والأخلاق البشعة، وما

يتبعها، هو موكب السخرية بشكل عام. دروس التاريخ تعلمنا أن مثل هذا الزمن الحالك الظلمة من الممكن استمراره قروناً عدة. اعتقد الإغريق القدماء أن الجميل جيدٌ خُلقياً، وبدون شك لن نكون منبهرين لرؤية العالم الحديث في ضعفه يتجه بعيداً عن هذا الاعتقاد (الجميل جيدٌ خُلقياً)

وتبعاً لذلك، عندما يفكر المرء في عدد الدول الأوروبية التي دمرتها الحروب، حيث إن مؤسسات الإرشاد الرومي للشعوب واقعة في ظروف صعبة جداً، وقد عُهد بها إلى رجل جديد، وربما في بعض الأحيان إلى إنسان تنقصه الخبرة، لذا يبدو أنه من المُلِح جداً إطلاق إنذار في الوقت المناسب، ضد الطريق المتزعزع غير القادر على المقاومة أو ضد الأخطار الحالية. إنه من المهم جداً أن نشعل في نفس الإنسان وروحه الشعلة النيرة لحب الجمال ومعارضة قوى التصفية والشك بفكر إبداعي.

فبستثناء الدين إنه -بدون شك- الأحاسيس الجمالية الأساسية المفعمة بالحيوية التي تمارس التأثير الأعظم على شخصية الإنسان، إيجاباً أو سلباً، تحدد ما يجده الفرد جميلاً وفاتناً و بشعاً؛ وماذا يشاهد بسعادة فائقة أو باشمئزاز. الفن هو الأقرب والعضو الحميم و الأكثر توافقاً مع الأحاسيس الجمالية للفرد والجماعة. وعلى مميزات الشخصية بكل تأكيد تعتمد خواص إنتاجه الفني، فوق ذلك يتساوى في الحقيقة أن نقول إن الموقف الشخصي للعقل يتوقف بشكل كبير على مستوى الإبداع الفني وعلى تدريب الفنان والمجتمع.

هربرت ريد[1] الناقد الفني الإنجليزي المشهور، يُعطى تعبيراً في أحد كتبه[2] عن الإيمان الراسخ القائل بأن الفن ظاهرة ذات أهمية للحياة أكثر من أهمية الاقتصاد والفلسفة. من الممكن أن يتفق المرء بكل تأكيد مع الأطروحة القائلة، أن الفن "مهم" تماماً كأهمية

1 Herbert Read.

2 The Meaning of Art.

أي فرع من فروع المعرفة الإنسانية المهمة ذات الإبداع الفكري والمادي البارع للإنسانية؛ بيد إن الفن له أيضاً ميزة نوعية أبعد وأعمق، تتمثل في إن نتاجه يُفهم ببساطة أكثر من باقي فروع المعرفة الإنسانية.

عندما نكافح من أجل ميول صحية للفن فإننا نكافح من أجل مستقبل أحد أهم أوجه الوجدان الإنساني. عندما نكافح من اجل أرفع الغايات واسماها، هذه -الغايات- يجب أن تشتمل على انتشار وسيطرة الجمال في الميادين العامة، الشوارع، الطرق، المنازل، المدارس، المتاحف. الجميل يجب أن يجد تعبيراً كاملاً في العمارة، النحت، التصوير، و مختلف فروع الزخرفة، عند ذلك سوف يؤثر بقوة على التطور المستساغ والسعيد للقوى الروحية للمواطنين.

لندن، ديسمبر ، 1947

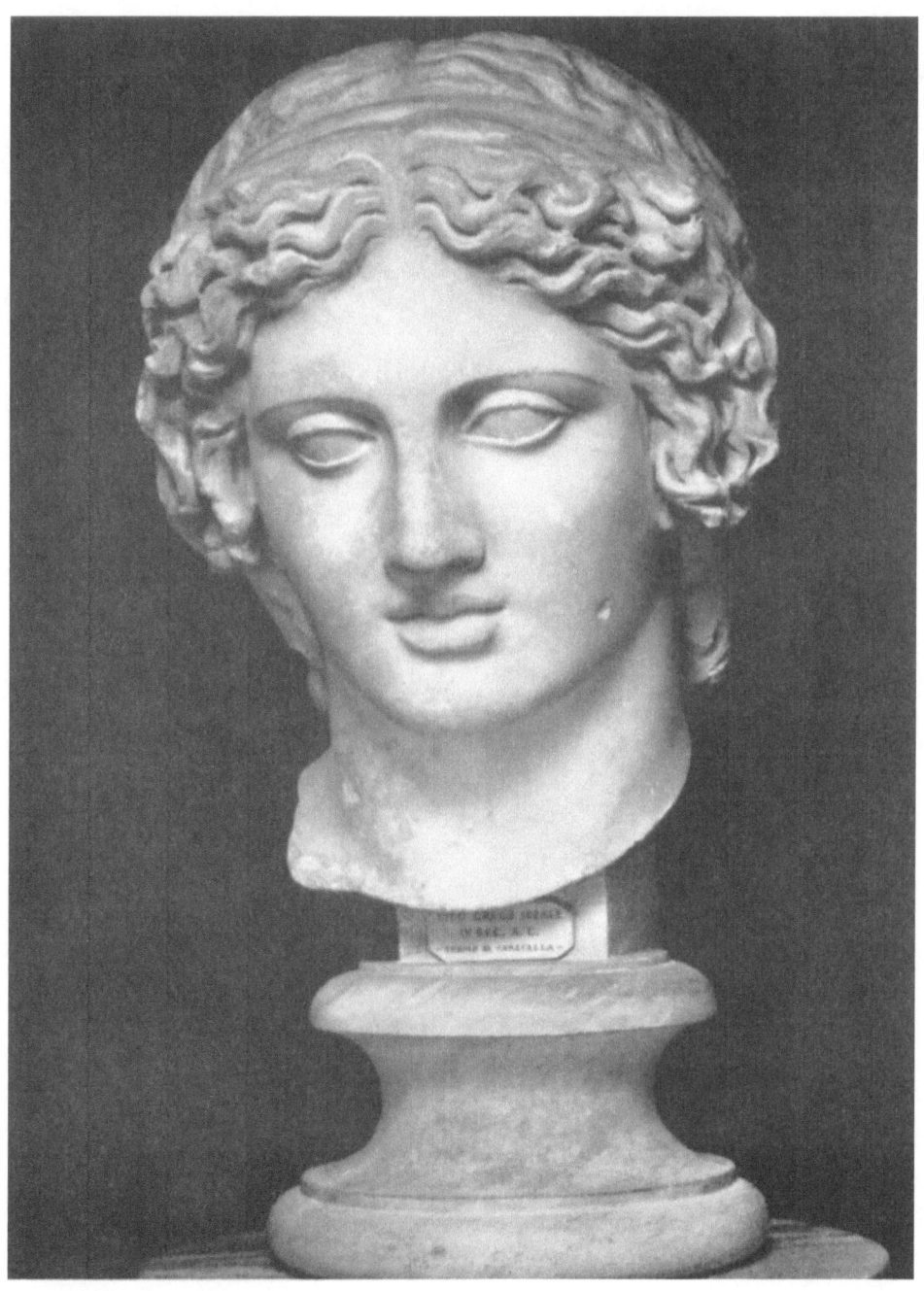

رأس إغريقي مثالي

الفصل الأول

نقيض الجمال

قد يبدو غريباً، ولكن هذه هي الحقيقة الواضحة وضوح الشمس، عندما نرى في أحد الحقب التاريخية، ثورة عامة صريحة ضد الأساليب والطرق التي نصور بها الأشياء والناس، تلك الأساليب التي وافقنا عليها وتعودنا عليها لقرون عدة، وعندما توجد ثورة فوضوية تامة في مجال التصاوير المألوفة (صور الطبيعة) والتكوينات المتناغمة، نجد أنفسنا في الوقت ذاته في مواجهة موقف صلب غير قابل بحل وسط حول أحد أهم عناصر العمل الفني: ألا وهو -تحديداً-، المفهوم المقبول به سابقاً عن الجمال. نقاد الفن بشكل خاص محظور عليهم الحديث عن "الجميل". إن ما يدعوه المشاهد العادي "جميلاً" يجب أن يدرج الآن تحت تسمية أخرى غير الجمال، من وجهة نظر الفنانين ونقاد الفن.

27

إن عدم الرغبة في الحديث عن " الجميل" يقابله موقف نظري سائد عند مدارس الفن المعاصرة والإنتاج الفني المعاصر تجاه المثال الكلاسيكي في مجمله فمن الواضح جداً، أن كثيراً من رسامي اليوم ومصوريه لا يبذلون أدنى جهد لكي تصير تصاويرهم (لوحاتهم) "جميلة" بالمعنى الكلاسيكي للفظ الجمال. ويتبع نفس المثال، نقاد الفن وكتاب علم الجمال. فهم في الغالب يديرون ظهورهم أيضاً ل "الجميل".

والاعتقاد ما إذا حدث هذا وبشكل رئيسي فقط، بسب، تعذر وصعوبة إنجاز الجمال في تكوينات فنية مقبول بها الان، قد ثبت أن الأمر لا يعدو عن كونه أمرا مشكوكاً في صحته. فبالتأكيد، لابد من وجود شيء آخر غير النكران إزاء المستحيل. فنحن، كثيراً ما نقابل مجهودات جادة لخلق منظومات جديدة تماماً من التعبير عن الأفكار والمشاعر، مع ذلك، فإن هذه المنظومة حتى الان لا تجد لها موضعاً ملائماً داخل إطار العمل في ظل الأعراف السائدة، أو بشكل خاص في ظل طريقة الرسم عبر محاكاة "الطبيعة". مثل ذلك قاد إلى خصام مع الاستجابات الجمالية التلقائية والتي -عندما تتحول إلى فن-، تلهم الكثير جداً من العواطف والأحاسيس الفنية المنبثقة من احتكاك المرء بالعالم من حوله. وعلاوة على هذا يعتقد بأن السلسلة الكاملة لهذه الأحاسيس قد أنهكت - ربما كان هذا هو الخطأ الرئيس لأعضاء النزعة الحديثة - فالمحاولة قد جاءت لتأتى بأحاسيس جديدة ذات مواصفات خاصة غير معروفة للجنس البشري حتى يومنا هذا؛ ولخلق مدركات حسية تتفق قليلا أو لا تتفق على الإطلاق مع المألوف والمقبول به سابقاً كصور للحقائق.

ومن خلال تفحصنا هذا الاتجاه، نصطدم بازدرائه الحاسم وغير المبرر للإنجازات الفنية السابقة للإنسانية؛ والأكثر من ذلك، إننا، نجبر على الاعتراف بأن البحث عن طرق جديدة للتعبير لم تعط بعد نتائجها المتوقعة. ومع ذلك، فطبقاً للقواعد التي يتأسس عليها العمل الفني،

فإن كلاً من النحت والتصوير الحديث لا يوجد فيهما أي شيء مشترك مع كلٍ من النحت والتصوير مما عرفنا وألفنا عبر آلاف السنين التي خلت، برغم أنه، و لسبب غير معروف، يسعى أتباع الفن الحديث لوضع أعمال النزعة الحديثة داخل أطر مفاهيم فنية قديمة وبالية، ولإستخدام مصطلحات مستعارة من المخزون الكلاسيكي. وبالطبع هذا ليس خطأ الفنانون الذين تنحصر مهمتهم فقط في الخلق والإبداع بل - يجب أن يقع عبء كامل المسئولية في اختيار المصطلح الفني على كاهل النقاد، الذين يفعلون ما بوسعهم من اجل ابتكار مثل هذه الأفكار و التعاريف لكي تستخدم في التوجهات الحديثة في الفن وربطها في ذات الوقت مع الإبداع الفني بالمعنى الكلاسيكي، لذلك يجيزون رسم المقارنات وتحديد الانتماءات والتصانيف. في هذا الاتجاه تأتى إنجازات العصر الحالي لنقاد الفن الحديث أقلٍ إقناعاً من الإنتاج الفني الحالي؛ ومع ذلك فإنه من السهل دائماً مقارنة شخصية "ماتيس" (3) و "رفائيل" (4) في كتاب. بيد أنه ليس من السهل مقارنة رؤية عذراء السيكستين[3] (5) مع القارىء المذهول[4] (6)، كل هذه المحاولات لتقييم النزعة الحديثة بالقوة من خلال إطار المفردات الكلاسيكية يجب اعتبارها شواهد إثبات لتراخ كبير من جانب هؤلاء الذين يكتبون ويتحدثون عن الفن. ما نحن بحاجة إليه اليوم في حقيقة الأمر وبصورة عاجلة هو خلق مفردات وتصانيف جديدة لتقييم الظاهرة ذات القيم المشوقة للأصناف الحديثة. وإذا فعلنا شيئاً آخر غير هذا، فإننا سوف نسيء إلى فن الماضي، دون أن يُحْرز أي نجاح في تفسير فن النزعة الحديثة.

في الحقيقة إن العديد من الأعمال الفنية لفنانون معاصرون تعد بكاملها بالمعنى المتفق عليه والمقبول به لعدة قرون خلت مجردة من عنصر "الجمال"، والذي لا نرى أي داعٍ لتغييره. مبدئياً، لقد تكيف نقاد الفن مع هذا الواقع. ولكن عددٌ قليلٌ منهم تواجدت فيه الشجاعة لمعارضة هذه الموجة، حتى عندما كانوا غير متأكدين من صحة الاتجاهات التي تتبعها. ويمكن للمرء أن يعي أن سبب تخوفهم

The Sistine Modonna 3

The Distracted Reader 4

هذا ناتج عن اعتقادهم بإمكانية صد الباب في وجه المواهب الجديدة، والأفكار الجديدة، والإلهامات الجديدة، ومظاهر الإبداع والخلق الجديدة.. الخ. إلا انه في اليد الأخرى في الأدب وبين الناس بعض الأنماط في التفكير وطرق التعبير قد تجذرت عميقاً حتى أنه لا يدهش المرء في أن يسمع حكماً على هذه الصورة: " آه، إنها صورة جميلة! غير إنها لا تحوى على أي عنصر من عناصر الجمال".

لسنوات عدة مضت، كانت مجازفة بالنسبة لي الدفاع عن فرضية فحواها: إذا كان ثمة "شيء" حقيقة يُعتبر عملاً فنياً لابد إذاً أن يكون "جميلا" (7)، أما في البحوث الحالية فإنني أحب أن أناقش هذه النقطة إلى أبعد حد.

في الوقت الذي ترتقي فيه العلوم والمعرفة من جديد بعد الحرب، ويُعاد بناءَ المدارس والمتاحف، يصبح من المهم جداً وبلا حدود أن يكون الجو -الان- المحيط بالحياة الفنية جواً يسمح بأن تبحث وتجد فيه الإنسانية قاطبة، و الإنسانية المثقلة وغير المنتظمة السعادة كما يسمح بالتشجيع على مواصلة السعي في تأمل ودراسة أعمال الفنانين الأوائل القدماء والفنانين المعاصرين. دعونا نأمل انه سوف نجد ما نبحث عنه في الفن المعاصر، وربما عن طريق إرادة القدر قد يتمتع كثيرون بقدر من العبقرية والصدق والموهبة الإبداعية. الجو المطلوب لا يمكن أن يكون موجوداً حقاً إلا إذا قُيِّم العمل الفني في ظل القوانين المقدسة للواقع و الحقيقة.

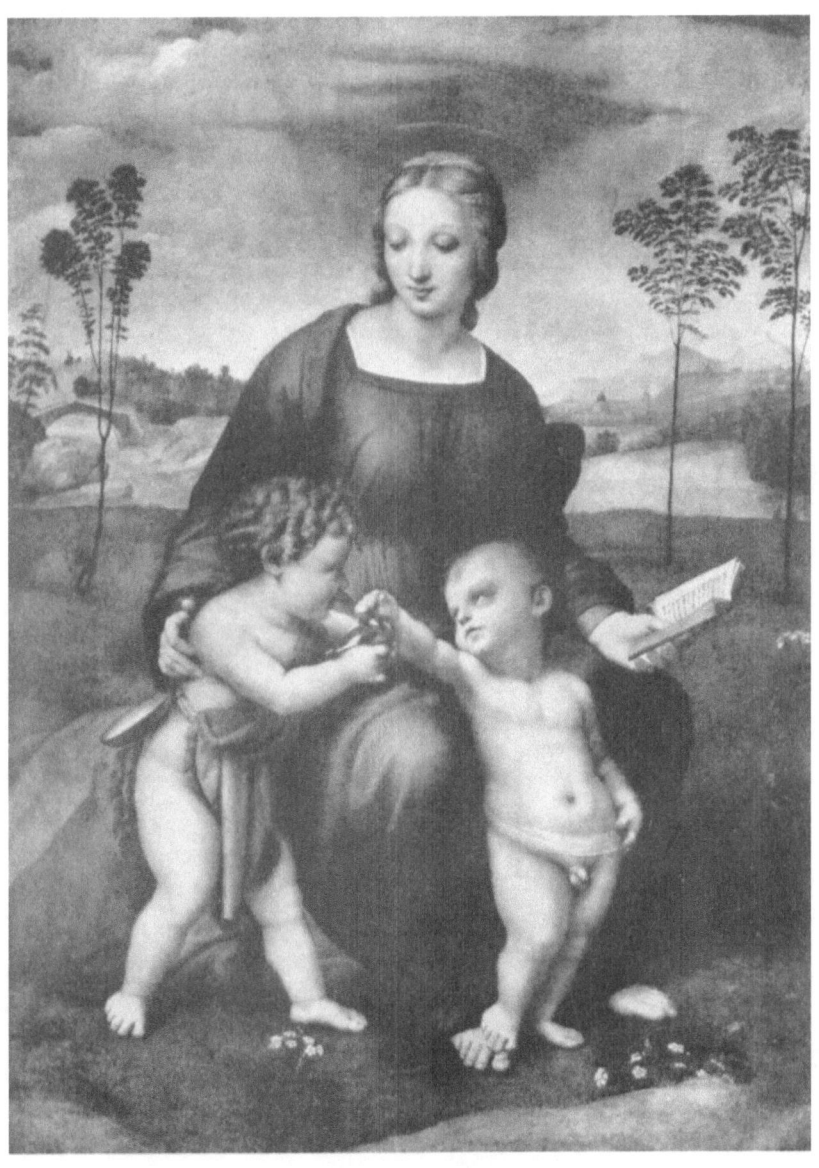

3 - العذراء بالرداء الذهبي
رفائيل - فلورنس

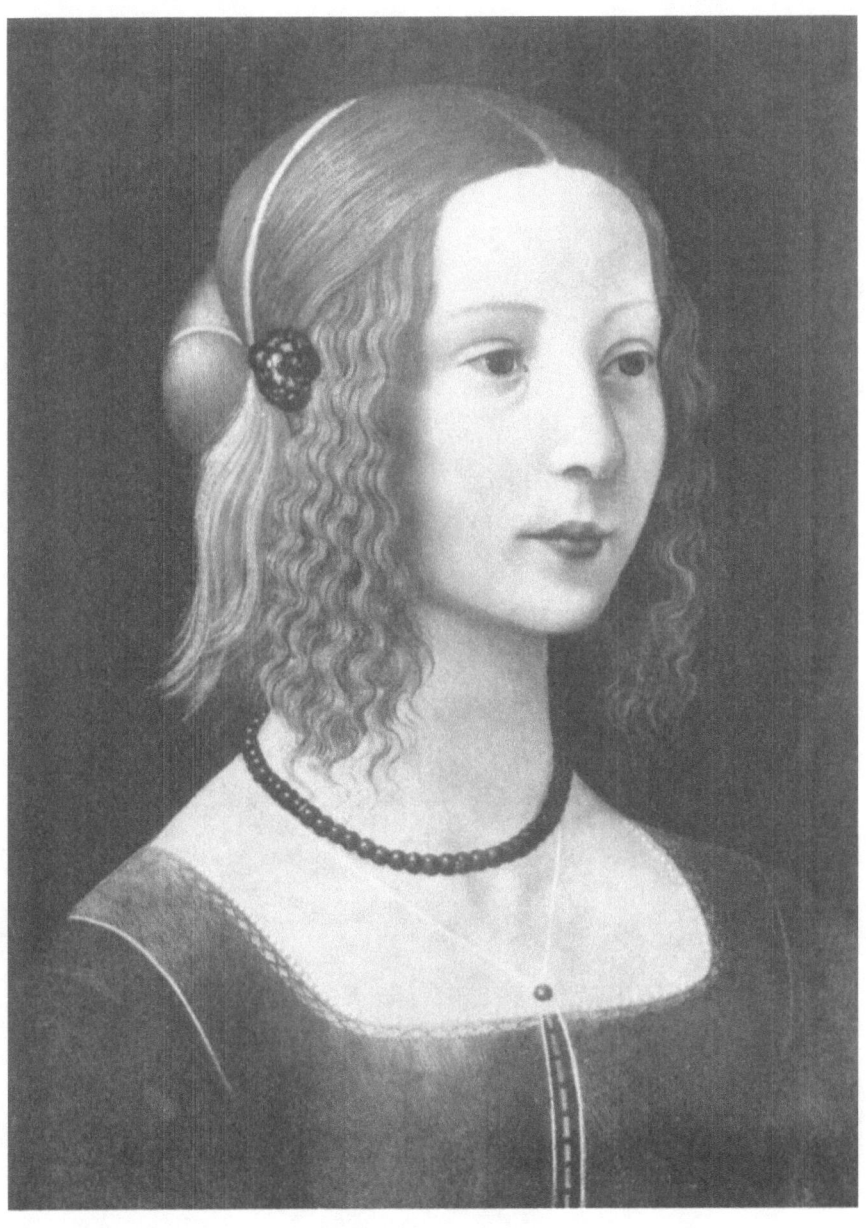

4 - لوحة لفتاة - ميناردي
المتحف الوطني - لندن

الفصل الثانى

أنماط النقد الفني

هناك براهين مثيرة تؤكد على السهولة التي من الممكن أن يدخل من خلالها العالم إلي حقبة من الجهل والحماقة أو العنصرية في تقييم الأعمال الفنية نجدها في مواقف النقاد المعاصرين ل "سيزان". وقد ظل لسنوات عديدة خلت يؤكد بشكل كبير -ليس فقط في المراسم وصالات العرض، بل أيضاً في كتابات النقاد-، على المثير والمدهش، وعلى أهمية الفنان كخالق للحقب وكمصور فنان أكتشف اكتشافاً عظيماً. إن الجمهور، وقد أخذ بوجهة النظر هذه: نظر إلى أعمال "سيزان" بتمعن، إلا انه على أية حال وجد صعوبة في فهم ما هو الشيء الغريب فيها. وبدون ذرة شك فإن، "سيزان" مصور بارز وممتع في ذات الوقت، و بعض أعماله وعلى وجه الخصوص المناظر الخلوية[5] منها والطبيعة الساكنة، تمتلك قيماً فنية عالية جداً. غير أن المشاهد، بشكل عام، لا يقف أمام أعماله الفنية ساكناً وفى حالة تأمل صامته، مقتنعا أتم الاقتناع انه يقف أمام أحد الأعمال الرائعة. إذاً، إلى ماذا يرمي الناقد المتخصص؟ أليس من أجل ذلك كانت الرحلة الفريدة ل "سيزان" ؟

5 Paysages

الجواب يكمن في اعتقاده أنه أكتشف بأن المصور يهتم بشكل الموضوع الذي يقدم. وهذا بدون شك لا يثير المشاهد العادي، بالنسبة له في تفكيره البسيط يرى أن هذا الاعتقاد كان موضع اهتمام من قبل المصورين عبر العصور (ألفي عام أو أكثر). أنه فقط عندما يكون المشاهد مثقفاً فنياً وعارفاً بالأساليب التقنية التي يستخدمها الإنطباعيون في أعمالهم الفنية، يمكنه من ثم أن يفهم الأهمية الحقيقية لفنان مثل "سيزان"، والتي تتمثل في واقع الأمر في ابتدائه التصوير بطريقة مغايرة عن سابقيه ومعاصريه. لكن الشيء الذي يجب أن يكون ممتعاً جداً في العمل الفني هو الانطباع المباشر الذي يحدثه عند المشاهد، بعيداً عن كون المشاهد عارفاً بالكيفية التي صور بها المصورون من قبل، أو بالكيفية التي يبدعون على غرارها أعمالهم على الإطلاق.

نشأ في بعض عواصم العالم في السنوات الأخيرة، جمهور فني مكتف بذاته. حيث اجتمع عدة آلاف من الفنانين وعاشوا مع بعضهم البعض في مكان واحد، "باريس" مثلاً في وقتنا الحاضر، ولم يكن غريباً أن يتوصل هؤلاء إلى تكوين مجموعة مكتفية ذاتياً، قادرة على فرض وجهة نظرها على المجتمع. وقد تحرك هذا التجمع الكبير تحركه بأنانية المحترفين وعوامل الرضا الذاتي، كما يقف -اي التجمع- بشكل قوي وملحوظ ضد كل الإنجازات المتسلسلة تدريجيا، ويعترف بالاختلافات التقنية فقط. ويميل أعضاء هذا التجمع إلي تحويل قيمة العمل الفني من قيم الموضوعية إلى قيم تخص شخصية الفنان والطرق التي أبدع بها أساليبه الفنية. ومجمل أحاديثهم تنصب حول "تحرير الفنان" و "الفن لذات الفن"، وحول احتقار الجمهور، الذي -من وجهة نظرهم - من حقه فقط: الإعجاب وتقديم الشكر والثناء. و تتواجد في هذه التجمعات الفنية بعض العناصر الجيدة والصحية، مثلاً: ميلها إلى الارتقاء بالفنانين إلى مكانة عالية واكثر سمواً، وعزمها على تجنب التكرار المبتذل، إلا إنه في حالات عدة هناك من المبالغة الكثير وفى بعض الأحيان هناك انحطاط فني أيضاً.

إذا كان في عزمنا تدريب وتعليم الإنسان العادي البسيط وفنان المستقبل، فإن من واجب من يقوم بمهمة التعليم -المدرس- أن يكرس في هذا -الإنسان والفنان- مواصفات يتمكن من خلالها تقييم القيم الموضوعية للعمل الفني. أن الأساليب والطرق المشابهة لهذه أهملت في هذه الأيام، وقد استعيض عنها بإعادة صياغة تاريخ الفن. ومرارا يأتي هذا بمحض الصدفة المتنوعة والنادرة ومن خلال ملاحظات غير مرتبطة أو من خلال تحليل للتقنية. ليس هناك مذهب عصري من مذاهب علم الجمال مصاغ بعناية، مع انه مهم جداً لعصر مثل عصرنا، لكن عندما يكون هناك شبه تعتيم وتضليل جاد بالنسبة لمعايير تقييم العمل الفني المبدع، وعندما تنتشر وبشكل واسع الرغبة والطلب الملح للنتاج الفني من بين افراد المجتمع (الجماهير) (8). وعندما اصبحت جوانب عديدة من اوجه الحياة تأخذ الطابع الديمقراطي، لذا فإنه ينبغي أن يحصل الجمهور على تدريب ومعرفة صحيحة فى مجال التذوق الفنى وهذه مسألة تبدو لنا فى غاية الاهمية من اجل التطور المستقبلى للإبداع والخلق وللتشكيل الفنى.

عند هذا الحد يقف إهتمام التعليم الجاد للفن، فالحقبة الزمنية التى نعيشها (دعونا نقول الخمسين سنه الاخيرة) تميزت فى الواقع بأن اهتمامات الإنسان الرئيسية فيها كانت محصورة فى مجال التقنية، وفى المعنى الضيق للكلمة. اما الموضوع، والتكوين، و "الجمال" في قيمها الجمالية الخالصة، فقد أهملت، أو أن مفاهيمها قد شُوهت. أعتُقد ان الجمال ينتج فقط من خلال استخدام التقنية المناسبة. فى مثل هذه الاجواء، فإن الفنان، والناقد قد عزلا المشاهد البسيط تماماً. الفن يجب ان "يُفهم"، والقناعة الجمالية المباشرة للمشاهد قد أهملت بالكامل. وفى أفضل الحالات احتمى الجمال فى تفاصيل طريقة الإنجاز، وبالأخص في عناصر العمل الفني، كما قيد -الجمال- الى الوسط او الى البعيد جداً. وقد انجزت هذه الاعمال الفنية بطريقة لا يمكن ان يحصل بها المشاهد على حالة رضا من النظر اليها فقط إلا إذا كان عارفاً جداً بأسرار المراسم، وبالعالم المتغير لمدارس الفن التشكيلي. وبمفردات بسيطة وعبارات واضحة يمكننا القول

إن الاعمال الفنية توقفت عن ان تكون "جميلة". ولربما اصبحت ممتعة فكرياً، ولكن ليس بمقدور أى فرد ان يحكم بهذا. لذلك إرتقى نمط الفن غير المكتمل، والتجريبي، والرسم الأولي؛ والتى قُدمت على أساس أنها أعمال كاملة، وبالتالي مُجدت الوسيلة على حساب الغاية. كل هذا يشكل -بدون شك- شواهد على اننا نعيش فى حقبة زمنية تنتج القليل من الموهوبين العظماء -مقارنة بالماضي-. ولا ينبغى لمثل هذه الحقيقة أن تجعلنا، نتبن نظرة غاتمة حالكة السواد عن الفن، وأبعد من هذا أن لا ينبغى أن تحبط فينا الامل بالنسبة لبزوق عهدٌ يكون اكثر نوراً وإشراقاً. ويجب على أية حال، أن لا يختلط علينا الامر بالنسبة لنوع أحكامنا على الكيفية التي يجب ان يكون عليها العمل الفني الحقيقي.

لا يوجد في أي منزلة من حياة الإنسان فرص للخيال والتخيل كما هي في مملكة الفن. وهذه العبقرية التامة بحد ذاتها موجهة تماماً ضد الخلفية المظلمة، عديمة الألوان، للحياة اليومية الرتيبة، الفن هو الملاذ الوحيد الهادئ لذاتية الإنسان. وكل فرد بإمكانه أن يطور ذوقه وميوله للأشياء المحببة إليه من غير قيد أو تشويش. وربما كان الفن هو الحقل الوحيد، الذي نمتلك فيه الحرية المطلقة؛ لذلك، قد يكون الإنسان لا يختلف في شئ عن هؤلاء الذين حوله، وقد يكون مختلفاً عنهم جميعاً، ويجد نفسه متفوقاً عليهم من خلال أحاسيسه وفهمه لخلجاته وتعابيره الفنية.

الفن ملاذ عظيم للراحة، ومصدر لإدخال راحة عفوية، وهو قادر على إنتاج عدد غير محدود من الإنطباعات. لذا يجب أن يُسمح بأكبر قدر ممكن من الحرية للإعجاب والتذوق الفني، ولكن لخلق وإبداع عمل فني حقيقي، يجب أن لا نذهب بهذه الحرية إلى أبعد من الحدود المقيدة والمرسوم لها مسبقاً. السخرية[6] على كل حال، في العديد من المرات، تظهر على أنها ظواهر غير صحية في مواقف بعض الجماعات من النقاد والكتاب. فهم يبدءون نمطاً في الفن،

---

٦ Snobbery.

والأنماط في الفن أشياء يجب أن تؤخذ بجدية. وفى الوقت الحاضر تخرج الكثير من الكتابات غير المسئولة، إن النمط الجديد يمكن أن يكون غير صالح وقبيح. ومع ذلك سوف ينجح ويمر على أية حال. ولكن كل هذا يهون، رغم أن تأثيره سوف يطول بعض الوقت، إذا لم يشكل تهديداً على الذوق العام. والطريق الصحيح لتطور الشباب الموهوبين، يتطلب الصبر والتروي قليلا قبل إصدار أحكام رئيسية تُحكم وتُقَيم الأعمال الفنية من خلالها.

ما الذي يمكن عمله عندما لا توجد في شخص معين الموهبة العظيمة، ولا المواضيع العظيـمة التي تقترح نفسها؟ في كلا الحالتين، أحدهم، يمكن أن يسعى إلى بلوغ مستوى متوسط عالٍ، و أن يسعى آخر بأي ثمن كان ليصبح مميزاً (مبدعاً). المشكلة التي تواجهنا هي كالتالي: أي الطرق التي من الممـكن أن نقترح في مثـل هذه الحالة التي يصعب إيجاد حل لها. أن نقبل ونقتنع بالمتوسط، ونتسامح، ونقبل بدايات تذوق مراحل الفشل في يد؛ وفى اليدِ الأخرى، أن نتماشى معه ونشجع الشذوذ حقيقة، شرط أن يكون شيئاً جديداً، بكل تأكيد كلتا الحالتين ضارة وغير أخلاقية.

عمل فني متوسط مقبول، أو عمل فني شاذ؟ هذه هي الطامة الكبرى التي تواجهنا نتيجة ندرة الفنانين العظماء. من جانبي أنا ككاتب، اعتقد أن العمل الصادق المستوحى من أعمال فنانين عظام هو افضل من العمل الفني الذي لا تتوفر فيه أبسط عناصر السعادة، والجديد غير الناجح، كيفما كانت المفردة البنائية رائعة التي أُوجِدت لتزكية الأخير.

الفصل الثالث

الذاتانية فى التقييم

أحد أكبر أخطاء نقاد حاضرنا هو: الذاتانية المضخمة، وقد نُوقشت مراراً عديـدة على شكل تعاريف عامـة. ومثـال على ذلك، محاولاتهم المستمرة لربط الإحساس الجمالي مع ما يطلقون عليه "التحول الفني"[7] وهي المعالجة التقنية التي يتم من خلالها إعادة إنتاج الشكل واللون. من الممكن، بالطبع إيجـاد إحسـاس دقيق بالتحول عنـد المتخصص المهتم والعارف بالطرق التقنية للفن والمهارات الفنية. لكن الإحساس الفني للمجتمع بشكل عام لا يقتنع بدراسة تقنية التحول فقط.

هذه الأحاسيس تجد تعبيراً لها في شعور الإعجاب والاشمئزاز، وبكل تأكيـد فإن منابـع هذه الأحاسيس تكمن في عمق الاحتياجات النفسية والاحتياجات الاحيائية (البيولوجية)، كما أن وجودها من أهم حقائق الحيـاة التي لا جدال فيهـا. والدليل على ذلك، -فوق كل شيء-، الإحساس بالجمال، في الطبيعة، وأيضاً في جمال الخطوط والأشكال

7 Artistic Transmution

والألوان في الفن. هنـاك تخمين عقلي من نوع خاص في الفن، نذكر على وجـه الخصـوص، الإعجاب بإنجـازات الإنسان، الفنانٍ، وفوق كل شيء الاهتمام بالتقنية التي يستخدمها، والمفروضة قسراً. أن الأسس الرئيسية بالرغـم من ذلك يمكن إيجـادها في المعرفـة الغريزيـة للجمـال، ومـا هي إلا إحسـاس فني. ففي السنوات الأخيرة، ازدادت الرغبـة عنـد نقاد ومتخصصي الفـن في فهـم الطرق التي استخدمهـا المصورون والنحاتـون لإنتاج أعمالهـم، اكثر من رغبتهـم في معرفة النهاية الإبداعية التي توصلوا إليهـا، ونسوا أن التقنية لا تهم الجمهور بشكل عام.

عندمـا يكتب كاتب مشهور، إن الموضـوع الفني الذي اختير ليس ذا أهمية - إنما معالجة الأحاسيس والإنجازات التقنية هي التي تعطى المشاهد المتعـة - وحين يقول ناقد آخر، ذو شهرة واسعة، إن الخزف هو أنقى أنواع الفن، لأنه جُرد من كل رغبات التقليد، فأنهم يعبرون عن أحاسيس ذاتيـة. بالطبع، التقنية مهمة جداً، ولكن التقنية بمفردها غير كافية للإستحسان الجمالي للعمل الفني بكامله، إلا أنها أحد العناصر التي لا غنى عنها. التقييم الفني ينتج عن قوة الأحاسيس التي تثار عن طريق رؤيـة أشيـاء صُورت على شكل ملائـم ومؤلف مع الأخذ بعين الاعتبـار بمجمل قيم الخط، واللون، والحقيقة، والحس، والفكر، والأخلاق. التصوير (تصاوير الطبيعة) والفن التشكيلي يهدف إلى أن يُثبت في شكل دائم إنطباعات جمالية يحصل عليها من الحياة والواقع. وهنا نعطيٍ مثالاً: السعادة التي نحصل عليها من رؤيتنا لصورة حصان، تكون دائماً ذات ارتباط وثيق وتقارن بالسعادة التي نحصل عليها من المشهد الطبيعي أو من تخيل حصان حي.

أن نظرية التقنية صحيحة فقط، عندما تُستخدم في تصوير لوحات لا تحاول البتة محاكاة أشياء موجودة في الطبيعة أو غيرها، اقصد، رسم صور تجريدية لخطوط هندسية، والتي هيٍ في الواقع، لا تحوى غير عوامل النسب، والشكل واللون. وهنا أيضاً، احتمالات إثارة أحاسيس جمالية معينة ومحدودة، هذا لا يعنى، أن هذه الأشكال يجب أن تُحتقر، وعلى اقل مقدار في الديكورات ذات الأحجام الكبيرة،

سواء كانت مستقره أو في تغير مستمر: تزين الشوارع، والمؤثرات الضوئية، والنوافير، والأضواء المسلطة، والإنارة الغامرة. ليس هناك ما يوحي بأن التصوير أو النحت الذي يصور أشخاصاً أو أشياء مألوفة سوف يصل إلى نهاية.

بالطبع، هناك حقيقة لا مناص منها، وهي انه من خلال ظهور مجـالات جديـدة في الفن، مثـل: التصوير الضوئي والأفـلام الملونة، التصاوير الساكنة والمنفذة باليد قد تفقد التمتـع بالمكانـة الخاصة التي تمتعت بهـا لغاية هذا اليـوم . ومع ذلك، ولأسباب عدة، ستبقى دائماً فرعاً مهماً من فروع الفن. فلا التصوير الضوئي (الفوتوغرافي) ولا التصوير السينمائي، ولا الديكور المسرحي، ولا الحقول الأخرى الواسعة لفن الديكور التطبيقي، كل ذلك لا يمكن أن أو أن يوجد على الإطلاق بدون التصوير الثابت، أو التصوير الموجود لذاته.

أن الخطأ العام الفاضح، يقع في استخدام معايير لها اتصال بالتصاوير التجريديـة لهذه الأيـام (لا تقدم أشكالاً إنسانيـة أو أشياء مألوفة) لتحليل وتقييم أعمال فنية قديمة، ويقع نفس الخطأ في محاولـة تفسير تجربـة الصور الإيطاليـة البدائيـة من خلال مقارنتها بمواصفات الفكر التكعيبي الحاضر. وفى الواقع ليس هنـاك أي وجه من أوجه الشبه بينهما.

ليس لدى كاتب هذه السطور رغبة في إعاقة محاولات البحث عن مضامين جديدة وأساليب تعبيرية جديدة في حقل الفن. ولكن يتراءى له أن مجال هذه الحركة الريادية، على قدر ما تبقى في الغالب فنا مقلدا، ستبقى محدودة بمستوى الإنسان العادي الفكري والحسي، على ما يستحسنه من أعمال فنية. من الممكن البحث عن مضامين وطرق تعبيرية جديدة ، ولكن لا يمكن لأي شئ أن يغير الواقع وهو ان الذي في خطر، هو: العلامات البـارزة في الإبـداع والتي من المحتمل أن تؤثر على بعض حقول الوجدان الإنسـاني في حدود معاييـر بعض

الأحاسيس الفكرية والحسية. ومع مرور الوقت تتطور هذه المعايير، ولكن فـي كل عصر ، وعَبر حقب عظيمــة وطويلــة، تبقى محدوديتها بالتأكيد معروفة، وكل من لا يعيرها أي اهتمام، يصبح بكل بساطة شاذاً، ومخالفاً للعصر الذي ينتمي إليه، وذا ذوق فاســد منحرف. هذه الظاهرة يمكن توضيحهــا، ولكن ليس على حســاب ذلك ينظر اليها بوصفها شيئاً عادياً ولا تستحق غير التقليد.

تأتى الكثير من المصـاعب في طريق النقـد الفني الحديث من رفض فكرة الجمـال في معناها المعتاد والمطلق. ويتراءى أنه فقط من خلال العودة إلى الجمـال يمكن إرشاد النشاطات الفنية المقلدة إلى مسارات جديدة ذات وعد عظيم. في المسرح، والسينما، يضعون ألف حساب للانفعالات المباشرة للجمهور لكافة ما ينتجون من أعمال فنيــة، ولتوضيح ذلك نقول انــه لا يمكن النجاح والبقاء لطرف واحــد غير متناغم بدون امــرأة جميلــة ورجل وسيــم وبدون مشاهد جميلـة للطبيعة وتأثيرات عامة متمازجة.

في أعمال النحت الكبيرة وفي العمــارة، الإغـراء هـو القاعـدة والشرط لحدوث تفاعل هــادئ، وللحصول على تعبير لحكــم و سعادة الجمهور. عُرضت صورة أمكن حمايتهــا لمدة طويلة من أجواء النقد المباشر، على مجموعــة صغيرة من " الخبراء". ولكــن، الناقـد الذي ينشغل في تحليل التفاصيل التقنية هو بالطبع مثل العالم المتفحص للأجزاء الصغيرة[8] ، لذلك بالإمكان تذكيره، بأن الأعداد الهائلة للأشياء الصغيرة تبنى جزئيات لأشياء عظيمة جداً وتقف شامخة بمفردها، لكيانها، و يكون تميزها من احدى وجهات النظر اكثر أهمية من الجزء الصغير الذي تكونت منه.

الاعتراف بدرجات متقاربـة الأهميـة بين الظواهر الأساسية في كل مراحل الوجود هو حقيقــة يجب أخذهــا بعين الاعتبار والحسبان،

---

8 molecules

في الفن وفي كافــة الميادين الأخرى. إدراك هذه الدرجات المتقاربة شرط أساسي لتناسق العمل الفني[9] . كل نزعة فنيـة تذهب بعيداً عن فكَر الجمال المعتادة، لدرجات متتابعة من الأحاسيس، و التناسق، تَصبح من وجهة النظر الفنيـة التصويريـة و التشكيليـة وسيلـة إيضاح وتجريب فقط. وتبعاً لذلك لا توجد نزعـة فنيـة، مثل هذه أنتجت، أو سوف ينتج عنهـا أبدا عمل فني رائـع وذو قيمـة عالميـة، أو، رائعـة فنيـة[10] .

---

9 harmony

10 Masterpiece

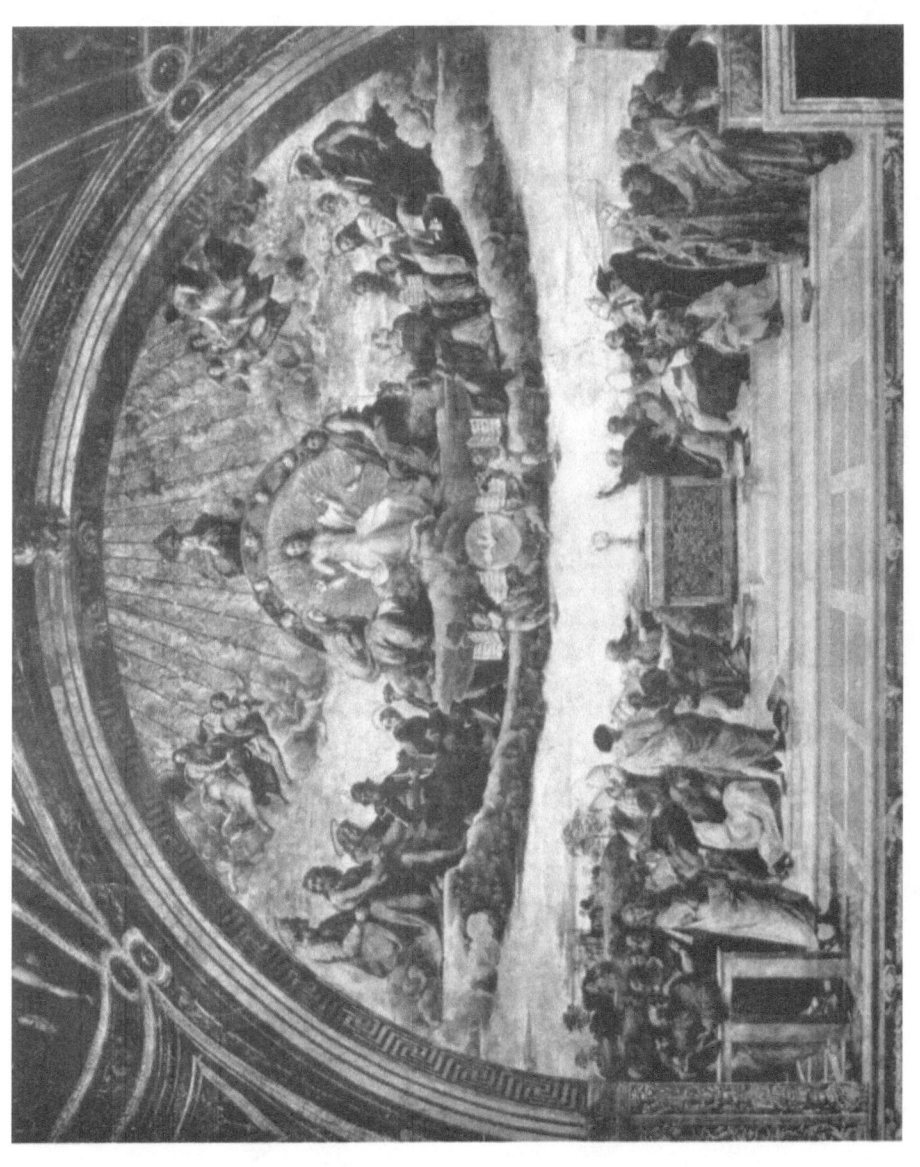

الاختلاف على أعظم حدث مقدس

رافائيل - الفاتيكان

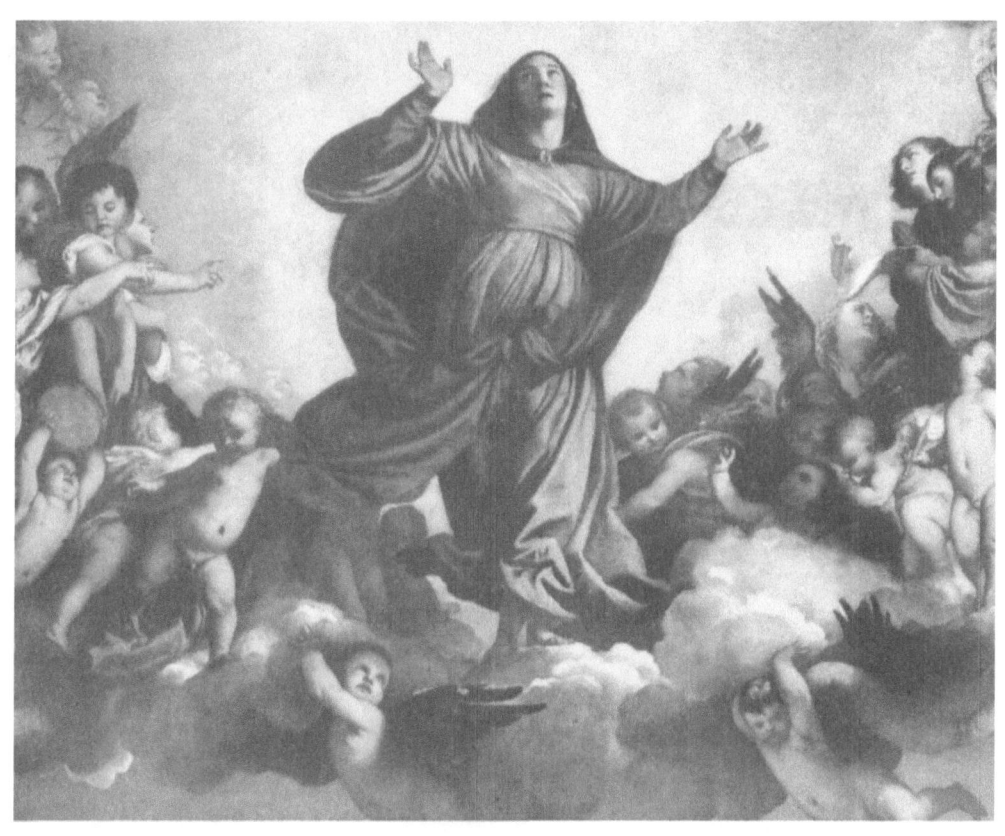

رفع السيدة مريم العذراء إلى السماء - تفاصيل

الفصل الرابع

العرف الفني ودرجات الموضوع

الانطباع الذي يخلفه الشعر لا يعتمد على مدى معرفة القارئ بتفاصيل حياة الشاعر، وليس الانطباع ناتج عن وعي بأدوات التقنية التي بنيت من خلالها المقطوعة الشعرية. هدف اللوحة التي تمثل الطبيعية[11]، أو العمل التشكيلي، تماماً مثل الأعمال الأدبية الأخرى، هو إثارة بعض الأحاسيس عنـد المشاهـد أو (القارئ). أما إذا كان المرغوب فيه تقديم صور لمخلوقات حية حقيقية، والتنفيذ المتطابق مع التقاليد المتعارف عليها والمألوفة وبتبسيط رمزي يعيد جميع تفاصيل الموضوع المصور فان ذلك يصبح من المستحيلات. المألوف يقلد[12]، مع ذلك، بكل صدق يقلد عشوائياً[13]. محدوديته القصوى مفصلة بدقـة عن طريق الكيفيـة التي يتذكر بها والطريقـة التي يتعرف بها العقل البشري بالعالم الخارجي من حوله. والذي يتواصل العمل منه

11 Pictorial

12 Followed

13 Arbitrary

بمساعدة الرموز المبسطة ليل نهار. من الممكن لأحدهم أن يرسم رسماً أولياً لحصان بخط واحد لا غير، أو بتفاصيل دقيقة ومتناهية جداً، مع ذلك، هناك حدود لعملية التبسيط، أو التعقيد الممكنة، سوى أن ذلك سوف يؤدي إلى انه لا يمكن لأي فرد معرفة إذا ما كان الموضوع المقلد حصاناً. الأعراف هنا صارمة -مثل الأبجدية-، مفهومة مائة بالمائة. من قبل الأفراد الذين ينظرون إلى اللوحة.

لقد انتهى الخلاف حول تقديم الحقيقة في العمل الفني. إذا كان الفنان يرى موضوعا ما بطريقة مغايرة عنا جميعاً، ينبغي أن نتفق على أن التحريف يكمن فيه، وليس في أحد آخر. المعايير يجب أن تكون طبيعية، كما وضحت من خلال الرموز[14] الكثيرة المتشابهة.

ان بإمكان صور فوتوغرافية جيدة من غير ريب أن تبرز من خلال حقول محدودة، عدداً من الأحاسيس، كما لو أن المشاهد يشاهد الموضوع الأصلي. يستطيع المصور العظيم أن يذهب إلى ابعد مما يذهب إليه المصور الفوتوغرافي وبمساعدة الأعراف المناسبة، التي هي أبجدية تعابيره، أن يثير في المشاهد الحق أحاسيس أكثر من الأحاسيس التي أحس بها هو نفسه عند رؤية الموضوع الأصلي الممثل في اللوحة الفنية. الفنانون ينتجون تأثيراتهم في العمل الفني بربط أصناف مختلفة من القيم ومزجها بمجموعة من الأحاسيس؛ وبعبارة أخرى، بمسرحة[15] المفهوم العام للرؤية وعلاقاتها مع عدد من الأفكار العامة و الأحاسيس التي تمثل حقائق الفكر والعاطفة.

لذلك فإن درجة الأحاسيس ازدادت بوجود وكثافة[16] بعض العناصر في العمل الفني، وتبعاً لذلك استخدمت معايير من التعابير الفكرية والأحاسيس. إن أعلى درجة من الأحاسيس تُوجد

---

14   symbols

15   Dramatization

16   Intensity

في مناطق الحدود[17] التي لا يمكن للفكر أن يصل إلى أبعد منها أو إحساس يمكن أن يفسرها. ولكن، مظاهر الحدس فقط، لها أثر: الإلهام، الهواجس، الموهبة والإيمان.

هذا الجانب -الموضوع ودرجات الفكر والأحاسيس التي أوقظت من خلالها - تطرق إليها من خلال فن الأدب وبالحدس المبدع بشكل عام. أنه من السهل أن يقنع الشخص ذاته بهذا، من خلال العودة إلى العمل الفني المعتاد لأحد المشاهير من الفنانين.

دعونا نأخذ، مثلاً، عملاً، متواضعاً، بسيطاً وغنياً بألوانه للفنان "جيرلنديو"[18] (9) موجود في "البهو الوطني"[19] (10)، يمثل رأس امرأة. العرف المتبع مبسط للغاية، وهو محصوراً تقريباً بتعاريف الخطوط الملونة المحيطة[20] . على أي شيء، إذاً، تستند روح وعمق الأحاسيس المثارة في داخلنا من خلال مشاهدتنا للوحة؟ بدون شك، إنها تعتمد على التعبير الروحي؛ على المعالجة، الواقعة على خط الحدود بين الإيقاع الطبيعي والرؤية الأدبية. نفس الأحاسيس تثار وتبرز فينا عندما نشاهد عمل "رفائيل"[21]، "إلاهات الحسن الثلاث"[22] (11).

بسبب عدم وجود تفاصيل في لوحة "جيريلاندو"[23] (12)، لا تبقى مخيلة المشاهد محصورة بالتعابير الخطية فقط. ربما يشاهد المرء امرأة متحفظة ذات ضحكة غامضة، هي صفات المرأة الرقيقة الطيعة، أو رمز لتواصل الحياة، أو ببساطة رمز لفتاة صغيرة جميلة يملؤها السحر؛ أو من الممكن أن يربطها أحدهم بأفكار مختلفة

17 Regions-border

18 Ghirlandaio

19 National gallery

20 contours

21 Raphaeal

22 Graces Three

23 Ghirlandaio

أو أحلام. وربما سأل سائل: "وما علاقة هذا بفن التصوير؟" الجواب هو: إن اللوحة، فوق كل اعتبار، إحدى اللوحات الجيدة، إضافة إلى ذلك، إذا المرء لم يفكر ويحلم عندما ينظر إلى العمل الفني لن يكون هناك بكل تأكيد فن على الإطلاق. إنه على السذج غير الواعين، ولكن بطريقة عرض مخلصة وأمينة لأعمال العظماء من الفنانين وفي ذات الوقت على أغلب أسرار ومشاكل الحياة البسيطة يعتمد وبشكل كبير ذلك السحر والسمو للإنسان البدائي، خلافا لمواطن ضعفهم التقني وفقرهم الفكري. وهكذا مرة أخرى، يستطيع ذلك النابغة "مايكل أنجلو" أن يوقظ الإحساس بمشاكل الحياة العظيمة في روح المشاهد. وقد أحس بهذا خلفاؤه[24] ، الذين طرقوا محاولات كثيرة لإنتاج نفس التأثير. مع ذلك، على الرغم من عملهم الواعي المتواصل لإنتاج تفاصيل ومزج عناصر تحريرية، قلما توصلوا إلى الإحساس الأعلى المقاس بالذكاء والنبوغ فقط؛ كما القول، القدرة على الإحساس، ومن ثمً تقديمها في شكل مجسد، أن روح الأشياء في المعروض، هي خلاصة الماضي، ورؤية للحياة في المستقبل.

مثال آخر: قلما تكون لوحة جيدة لكرسي، مثل تلك التي رَسَمها "فان جوخ"[25] (13) في "بهو التيت" (14)، تُوصلنا َإلى أعلى التجارب الروحية. في بعض الأحيان، مثل تخيلات الأطفال، والمعتلين، والأشخاص المرضى، وأكثر الأشياء العادية يمكن أن تنتج إنطباعات عميقة وهادفة. صورة صغيرة مرسومة على سرير الطفل ربما تكون عالماً كاملاً في خيال الطفل الفسيح، غير المتحير[26] وغير الناضج : بين عجائب لا نهائية[27] صغيرة وعظيمة وربما لا يكون هناك خط فاصل، ومع ذلك ففي حياة الرجل النشط وفي كامل القوة، هناك بكل تأكيد، اختيارٌ واضح ودرجات من مظاهر الحياة والقيم من مجمل ما يعي من الأحاسيس. ربما هذا نوع من أنواع "الأعراف"، لكن العرف عام، قوي جداً، ومهم جداً ولا غنى عنه ولهذا يصبح مساو لأمر مطلق.

24 successors
25 Van Gogh
26 Undistracted
27 Infinitely

كل ما قيل سابقاً، قيل من أجل تدعيم التأكيد على أن نوعية المضامين والموضوعات المختارة للعمل الفني هي من الأولويات المهمة، لذا يجب أن تحتل مكاناً بارزاً من حيث الأهمية عند تدريب الفنان على الأساليب والطرق المتعلقة باختيار المضامين والموضوعات ، إن لم يكن المركز الأول ، وأهمية المكان الذي تحتله ينبغي أن يكون بنفس أهمية المعلومات التقنية. الألوان التي كان إستعمالها عرس البيزنطينيين و الساسانين[28] بالإمكان في حاضرنا اليوم إنتاجها بشكل كبير إلي ما لانهاية بالطرق الصناعية. الرسم والمنظور يمكن أن يفحصا عن طريق مقارنتها بالصور الفوتوغرافية، أو بأدوات التقنية. الفنان هذه الأيام يجد عمله في الإنتاج ميسراً، لذلك لديه حرية كاملة للتركيز على نشاط إبداعي صرف، وعند تحقق و إستدعاء[29] الأحاسيس الفنية القوية والبعيدة المدى لتكوينه الرسوم والألوان، وكذلك لاختياره الموضوع وحصوله على أرفع القيم العقلية والحسية.

النشاطات الإبداعية لا تتكون دائماً من النسخ الأمين المتكرر لما هو موجود، بل في إبداع شيء جديد بكامله لم يكن موجوداً إطلاقاً. اللوحة الفنية لم تكن موجودة قبل تصويرها. والواقع أنها سوف تُوجد ويَشهد لها بالخلق. لكن إذا كانت الأحاسيس التي تثار في المشاهد ليست سوى تكراراً لما أُحس بـه من قبـل، فأنها سوف تكون ذات قيمة أقل مما تهيؤه لـه التجارب النفسية الجديدة.

لهذا السبب نرى بوضوح قيمة اختيار الموضوعات الفكرية والعقلانية. وليس من الواجب أن يستثمر الفنان صيغاً فكرية وأخلاقية مع قوى القوانين العامة، لكن يجب عليه أن يتبنى قيماً أخلاقية وفكرية عالية في مواقفه تجاه العالم. الإبداع الفني، مثل الحب، ظاهرة فجائية[30]. الفرد لا يمكن ولا يجب أن يضعها تحت حكم السببية. إنه من

28 Siennese

29 evocation

30 spontaneaoas

الصعب فرض قوانين عليها. وعلى الرغم من ذلك، فالاتجاه الذي تنمو إليه والشكل الذي تتجسد فيه هي نفس المقاييس الناتجة من إعداد وتدريب الفنان.

لذلك نحن نلمح الحاجة إلى العام، ليس فقط، لتدريب هؤلاء الذين لديهم شعلة موهبة تدريب تقني مجرد. وإنما لنحاتي ومصوري المستقبل الذين يجب أن يربوا فقط ليصبحوا سادة في مجال فنهم، ولكن يجب أن يشجعوا علي توجيه رغباتهم وخيالهم لأفكار عظيمة وأحاسيس رفيعة المستوى، وان ينشدوا ويجاهدوا من أجل تصوير أحاسيس عقلية وأخلاقية عميقة.

مع ذلك مكتوب على الفن أن يكون ديمقراطيا في شكل وجوده المشفوع بإعجاب الملايين من الناس، ولهذا السبب يجب أن لا يتوقف عن المجاهدة لإجادة الكمال في الرؤية والإحساس. مع ان هذا سوف يعوقه عن اكتساب إعجاب الجماهير، لذا يجب عليه أن لا ينزل إلى مستواهم، بل يجب الارتقاء بهم إلى درجة أعلى من الأحاسيس الفنية. والفشل في تحقيق هذا الهدف سوف ينتج عنه عدم الوصول إلي الغاية المأمولة، وسوف يصبح الفن في أحسن حالاته زخرفة جماهيرية، وليس ذلك دائماً أيضاً.

الكاتب بعيدٌ جداً من أن يُنَتقص من قيمة الزُخرفة، فالزخرفة هامة وعظيمة جداً، -بالمعنى الكميَ، وهي الفرع -الأعظم، من فروع الفن، من أجل أن تحيا البشرية جمعاء معه في تكافل دائم. ولكن بجانب كل ذلك، هنالك فن بمعنى أرفع، يجاهد من أجل منع ما هو أكثر من مجرد ارتياح مصطنع لحاسة الرؤية. وفيما تبقى، العمل الزخرفي والعمل الفني الموجود لقيمته الذاتية، كثيراً ما يتحدان والحدود التي تفصل بينهما لا يمكن أن تحدد إلا بالرجوع إلي الأهمية الكيفية لكل منهما.

الفصل الخامس

المواصفات التجريبية الجمالية

(الفنان والمشاهد)

كل فرد بإمكانه أن ينعم بالارتياح الناتج عن الأحاسيس الجمالية، والتي أول ما تستيقظ من خلال تأملاتنا للطبيعة، أعني، عالم المادة، ومن ثم من خلال تأملنا للأشياء التي هي من خلق الإنسان. أحاسيس الجمال أساساً هي إنفعال ناتج عن اتصال مع المادة وكذلك مع الكائنات الحية؛ مع المناظر الطبيعية[31]، والصخور والخشب والماء والشكل واللون والإحساس، ولكن فوق ذلك كله، مع المخلوقات الحية ومع الإنسان. إحساس ثانوي بالجمال ينبع من الإحساس بالجمال في أشياء من صنع الإنسان للإستخدام في أي

31 landscape

غرض كان، وأخيراً هناك أحاسيس معينة نتجت عن إحساس بالجمال في أشياء من صنع الإنسان مع توجه واضح لإعطاء ارضاء جمالي بعيداً عن منفعتها المباشرة. تبعاً لذلك، الإبداعات الفنية الخالصة تكمن في إنتاج الأعمال المراد لها أن تثير إحساساً مرضياً بالجمال. ذلك إن المحك الوحيد لقيمة العمل الفني التصويري تكمن في فتنته وإغرائه للناس -أكبر عدد ممكن من الناس- على مدى أطول فترة ممكنة من الوقت؛ مع أخذ الحيطة حتى ولو كان هذا الافتتان من قبل أعداد كبيرة من الناس، ولفترة طويلة من الوقت، فإنه افتتان بشري ولذلك من المحتمل أن يزول. ليس هناك، رغم هذا الاحتياط، مواصفات تجريبية متفق عليها غير الاتفاق الجماعي. اتفاق جماعي لا يمكن الحصول عليه من استنتاجات عامة من وجهات نظر الأشخاص.

إذاً كيف يكون باستطاعتنا أن ننتقل من حكم تجريبي إلى تأسيس قواعد نظرية للتقدير الموضوعي لقيمة العمل الفني؟ اذا سمح باتفاق عام لمثل هذا العمل أن يأخذ قيمة عليا، يجب على الفرد أن يحلل أسباب هذا الحكم، كما يقال: قيمة العمل الفني المطلقة، تفحص العوامل الخاصة التي تتألف منها تقاسيم خصائصه وكافة التفاصيل التابعة. عند ذلك فقط، يمكن أن يأمل الفرد أن يؤسس مواصفات نظرية جيدة لتقييم قيمة العمل الفني بشكل عام.

الإبداع الفني هو قوة ووظيفة من وظائف العقل البشري وقدرته الإدراكية. نظرياً، ان القدرة على إبداع صورة جميلة في المخيلة من الممكن أن تكون متشابهة على حد سواء عند كل من المشاهد والفنان نفسه (الاثنان حساسان للجمال في الطبيعة). محتمل جدا أن يكون المشاهد وبنفس القدر مبدعاً للوحة الفنية كما هو الفنان الذي أبدعها، ومن أجل أن يتفاعل مع اللوحة يجب أن يعيها كالحقيقة. وبالرغم من ذلك، فإن العمل اليدوي الإنساني مهم[32] كما

---

32 Concerned

هو في الإبداع والخلق الفني، هناك فرق أساسي فيما بين الوظيفة[33] السلبية والفعالة، وبين ذلك الخاص بالمشاهد والخاص بالفنان، وبناء على الواقع فإن الفنان هو المسئول عن اختيار الموضوع والتكوين، وبملكته الفنية الخاصة، يمنح استمرار الأحاسيس التي أثيرت. قدرته على جعل الأحاسيس المعطاة صفة الإستقرار تجعله قادرا على تهيئة الاتجاه[34] لأحاسيس متكررة ودائمة.

كل إنسان محب للمناظر الخلوية[35] بطريقته الخاصة كما هو الحال حين ينظر إلى غروب جميل، ومع ذلك لا يمكن أن يعطي صفة الاستمرار لأحاسيسه المتفاعلة أو توصيلها[36] بقوة كافية[37] إلى الآخرين، وبالطبع، هي ليست، عميقة وذات عدة وجوه في داخله كما هي عند الفنان الذي صور الغروب. لذلك يلعب الفنان دوراً مهماً كدليل ومترجم للجمال. وبالرغم من ذلك، تأتى سلسلة إرشاداته وترجماته في مرات عديدة اعتباطية جدا. إنها لحقيقة كافية أن كل عمل إبداعي إنساني هو تعبير لموقف شخصي، ناتج عن رغبة المبدع - من خلال علاقاته بالعالم وبما تمليه عليه شخصيته - للتحول في المجال الصحيح إلى أشكال جديدة من الحياة الروحية أو المادية[38]. وهذه الأوامر مطلقة. ومع ذلك، هناك من غير شك، توافق ضيق بين الفنان المبدع والمشاهد. من غير الفنان المبدع لا يمكن أن يكون هناك تجربة فنية محسوسة بعمق وبتشابه متكرر؛ ولكن بدون نشاطات المشاهد الإبداعية، مع ذلك، هي ليست مستحيلة نظريا، ستفقد الجزء العظيم من قواها المحركة. وعلى أية حال، فإن نتائج نشاطات الإبداع الفني التي لن تُرى مطلقا، حتى حين احتمال رؤيتها، سوف لن تهمنا في تحليل أي ظاهرة فنية حقيقية، أعني، ظاهرة تملك عقل المبدع ومخيلته فكرة ان عمله الفني الذي سوف يبدعه سوف يشاهد من قبل أناس آخرين. المرء يجب أن يحسب حساب الواقع، وهو من المحتمل أن تكون عملية التفاعل، إن لم تكن

33 Function

34 Direction

35 paysagist A

36 Communicate

37 suitable

38 Of matter

عند كافة الناس، على أية حال عند الأغلبية العظمى، لابد وان تكون متشابهة، .

هناك عدد من الحقائق الناتجة من خلال هذه العلاقة الوثيقة بين الفنان والمشاهد من الواجب أن تؤخذ بعين الاعتبار:

1 - الحقيقة الأساسية الأولى هي أن الفنان كأساس، عن وعي أو عن غير وعي، يخلق ويبدع للمشاهد.

2 - أن حكم المشاهد بالنسبة للعمل الفني المبدع مطلقٌ[39]. وهذا واضح بجلاء في العمارة، والنحت الميداني أو المعماري[40]، التصوير الديكوري، وإنتاج الأعمال الفنية المكلف بعملها من قبل أناس معينين.

3 - أنها حقيقة واضحة جداً، الحكم على عمل فني في الكثير من الحالات يُعطى في وقت قصير جداً. مخالفاً لوجهة النظر المقبولة سابقاً، صور كثيرة توضح فشل المعاصرين تماماً في تقدير عمل فني ذي قيمة فنية عظيمة يصعب وجودها؛ وهذا واضح وضوح الشمس بالنسبة للنحت والتصوير. في أحيان كثيرة يحدث أن صدق الحكم لايمكث طويلا دون أن يحدث تساؤل عن صحته. لذلك فإن لمعايير الوقت أهمية كبرى، ومع ذلك دائما تجد هناك سلسلة من ثورات الذوق الجادة.

4 - لذلك يتبع الاختلاف الأساسي، بين الفن   الكلاسيكي العظيم، -المُستحسن من قبل عدد كبير من الناس لعدة أجيال-، و الفن الذي يخلق إستحسانا محدودا لحقبة زمنية واحدة ولمجموعة صغيرة من الخبراء، أو فيما بعد لطلبة أو لمؤرخي الفنون؛ أو بكلمات

Decisve	39
Architectural sculpture	40
	62

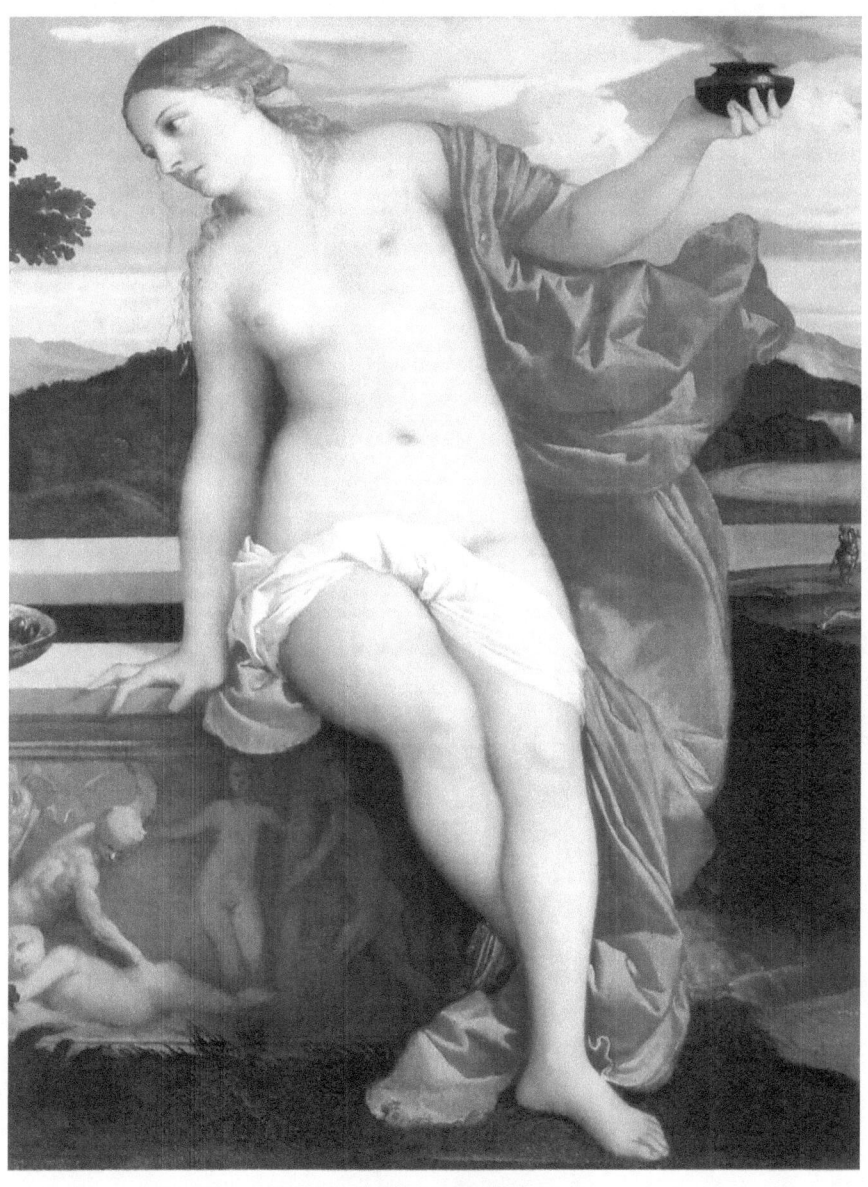

7 - القديس وملاك الحب
تشين - روما

أخرى بين الفن الذي هو أكثر كمالاً و ذلك الفن المتجزيء (الشظوى)[41]

5 - هناك حقب زمنية أزدهر فيها الفن العظيم، وهناك حقب زمنية أخرى أنتج فيها فقط أعمال فنية ذات قيمة محدودة، وفي بعض الأحيان مشوقة بما فيه الكفاية، ولكنها غير كاملة. وفي هذه الحقب الأخيرة هناك ميل إلى الأنانية الفنية، مقصورات مُحكمة الإغلاق على المطلعين (المبتدئين)[42]، وعلى الأعمال الفنية التي لايمكن فهمها إلا بمساعدة مفسرين أو مؤولين[43]. عادة هي حقب لفنانين من الدرجة الثانية، ومن الخطأ أن يستخف بهم وكذلك سوف يكون من الخطأ الكبير بالنسبة لهم وضعهم في صف الفنانين العظماء من عهود أكثر حظاً.

الاعتبارات التي طُرحت أعلاه يمكن اعتبارها وإستخدامها في كل فروع الفن تقريبا، ولكن المواصفات التي ذكرت والخاصة بالتصوير، والنحت، والعمارة، أعنى، تلك الفنون المتاحة والتي يمكن مشاهدتها من قبل الكثير من الناس. مرة أخرى، التنبيه، في مجال واسع ومختلف كالخلق الفني يجب أن يكون مطلقا، لكون الفرد غالبا ما يمر في حالة مغايرة لن تتوافق مع الطرق المتبعة. مع ذلك كله على حد سواء[44] ، من الواجب أن لا يثنى هذا عزمنا عن التجربة بابتكار مثل هذا الإطار، أو عن صياغة أسس نظرية تُسهل التفكير في مجال الجمال المتصل عن قرب بالحياة البشرية بكاملَها.

الإعجاب الصحيح بالأعمال الفنية القديمة مهم جداً لتربية الذوق، لكل من الفنان والمشاهد.

إذا أخذنا بمواصفات الهدف الحاسم المذكور أعلاه نقطة لبدايتنا،

41 Fragnmentary

42 Initiated

43 Exegesis

44 same the all

يمكننا أن نسجل[45] قائمة بهذه الأعمال الفنية التي أعجبت عدداً كبيرا من الناس، لأطول وقت، أو التي تعود المرة تلو الأخرى لتكون محط إعجاب بعامل[46] قوة بعد تدهور[47] مؤقت. وبعد تسجيل هذه القائمة، يمكننا بعد ذلك الرجوع إلى أحكامنا الشخصية لنرى اذا كانت موضوعاتها لا تزال محط إعجابنا، والى أي مدى. لذلك ربما أمكننا أن نحدد بدقة أياً من هذه الأعمال الفنية القيمة القديمة تصلح لدراستنا.

عندما، نأتي لتحليل هذه الأعمال، يجب أن نفهم ما هي الأشياء التي نجدها ممتعة وتثير السعادة فيها، وعندما نجدها ونفهمها، سوف نكون في موقع يسمح لنا بصياغة نتائج سوف تساعد الحاضر والمستقبل للاستفادة من تجارب الماضي، وبدورها سوف تشكل الأحكام الصحيحة في الأمور الفنية. هذه الاستنتاجات يمكن أخذها كأساس لتربية الفنان والمشاهد شرط أن تكون تلقائية الفنان والمشاهد ليست متميزة[48] ولا أن يظهر الإبداع غير العقلاني بوضوع وبصورة مشوشة.

الهدف الرئيس للفنون الجميلة هو إبداع أعمال فنية جميلة. والجمال و القبح حقائق مطلقة للحياة المادية. هذه حقيقة عاطفية. المرأة الجميلة هي المرأة ذات المظهر الذي يعجب 90% من هؤلاء الذين يشاهدونها. المرأة القبيحة هي ذات المظهر الذي لا يعجب 99% ممن يشاهدونها. (مع ذلك من الممكن أن يعجب بها شخص واحد). و توجد قاعدة موضوعية لما هو جميل في الطبيعة، أكان في كيانه البسيط أو زُين بمخيلة الإنسان في صورة صيغت بعناصر جميلة. تبعا لذلك المطلب الأساسي الأول للعمل الفني هو أنه يجب أن يُصور أشخاصاً أو موضوعات جميلة بالمعنى الكلي للكلمة. إنها حقيقة فمن الممكن أن تكون هناك أعمال فنية تصور أناساً قبيحين، وهذه حالات خاصة، وقبح الموضوع بوصفه شرطا إنما هو نسبي أو جزئي، وفي حالات

---

draw	45
Elemental	46
Eclipse	47
Prejudiced	48

كثيرة يعوض بعوامل مختلفة من الجمال. وأياما كان الأمر فهناك أشياء أخرى متساوية، إن صورة ذات موضوع قبيح لا تثير أبدا سعادة كبيرة في المشاهد كما هو الحال عندما نصور أشياء جميلة وأناساً ذوي مواصفات جمالية.

الفصل السادس

العمل الفني المكتفي ذاتيا والديكوري

النقاد أحياناً يصنفون الفن التصويري -صور الطبيعة-، والفن التشكيلي على أنه فن ديكوري أو فن مكتف بذاته. الفن الديكوري يسهم في إنجاز وإجادة شئ ذي أهمية نفعية، في حين يكون العمل الفني المستقل أو المكتفي بذاته عندما تجتمع قيمته الكلية وأهدافه في ذاته فقط. هذه الميزة[49] ليست، بالطبع، مستهلكة[50] لأن التصوير له في الغالب دائماً غرض ديكوري، وتصاوير ديكورية بحتة يمكن أن تحوي صوراً شخصية. من الأفضل أن نتحدث عن رجحان المقصود أو العفوي لأحد العوامل: المنفعة أو الديكور، استغلالية المنفعة في يد، و القيمة الفنية للديكور في اليد الأخرى.

من الممكن، وبنفس الدرجة من الإثبات التمييز بالاعتماد على بعض المميزات الخاصة بالموضوعات الديكورية[51]. المسمى : " تصوير ديكوري "[52] يجب من دون شك أن يستخدم لوصف الإنتاج الذى لا يصور أو يخلق صوراً من الحياة، ولكن يعتمد تماماً على تفاعل اللون و الخط. من أدنى المستويات النفعية مثل: التمويه[53] و تصوير

---

49 distinction

50 exhaustive

51 motifs

52 Decorative painting

53 whitewashing

الجدران و الأبواب التي ترفع من خلال، استخدام القوالب، الضنف[54] ونسيج الأفاريز[55]، إلى التكرار في موضوعات مثل الورد والحيوانات المؤسلبة، حيث ترتكز الأهمية، ليس على إنتاج مجموعات مفردة، ولكن على التعبير العام الناتج من تكرارها، التلوين والتوزيع الهندسي. نفس الشيء صحيح بالنسبة لنقوش الخامات وأعمال الزخرفة الكبيرة.

مع ذلك في اليد الأخرى، صورة مكتفية بذاتها، عادة تخدم كأداة ديكور في المنزل، ربما تضيف أيضاً إلى زخرفة شيء ما للإستخدام اليومي مثل الطاولة، أو ستائر، أو مرآة أو جرة، ولكنها تنتج تأثيرها في مواقع أخرى. وجودها، -كقاعدة،- إعادة خلق الواقع كما شوهد حقيقة، أو بمحاولات تخيلية أو رغبة إبداعية، ربما تُوجد وعندها ترى؛ وهدف الفنان في التصوير هو إثارة بعض الأحاسيس الفكرية أو العاطفية.

إن عدم وضوح الرؤية بين هاتين الفكرتين أتاح الفرصة للكثير من سوء الفهم المتعلق بالتصوير الهندسي. صورة تمثل أشكالاً هندسية ملونة يستلزم تصنيفها تحت رأس الموضوع "فن الديكور"، ويستلزم بعد ذلك تقييمها بنفس المواصفات الخاصة بفن الزخرفة والفن التجاري. لذلك يعتقد بأنها قد تكون ذات أهمية عظيمة، تقدم بمزج بعض من الخطوط، والأشكال، و قيم الألوان المطلقة الكامنة في ذاتها. إنها حقيقة أن نقول أن الفن الهندسي لا يمكنه أخذ مكان التصوير الزيتي الذي هو يمثل الحقيقة. ولا يجب مقارنته معه. (نحن هنا لا نتعامل مع تصوير هندسي يقدم للمشاهد إرباك فكري أو لغزاً عصي على الحل، بالتأكيد هي أعمال مشوقة جداً بطريقتها. ولكن بحاجة إلى معالجة منفصلة خاصة تحت (رأس الموضوع) سيكولوجي أو آداب وليس التصوير.

54 cornices
55 friezes

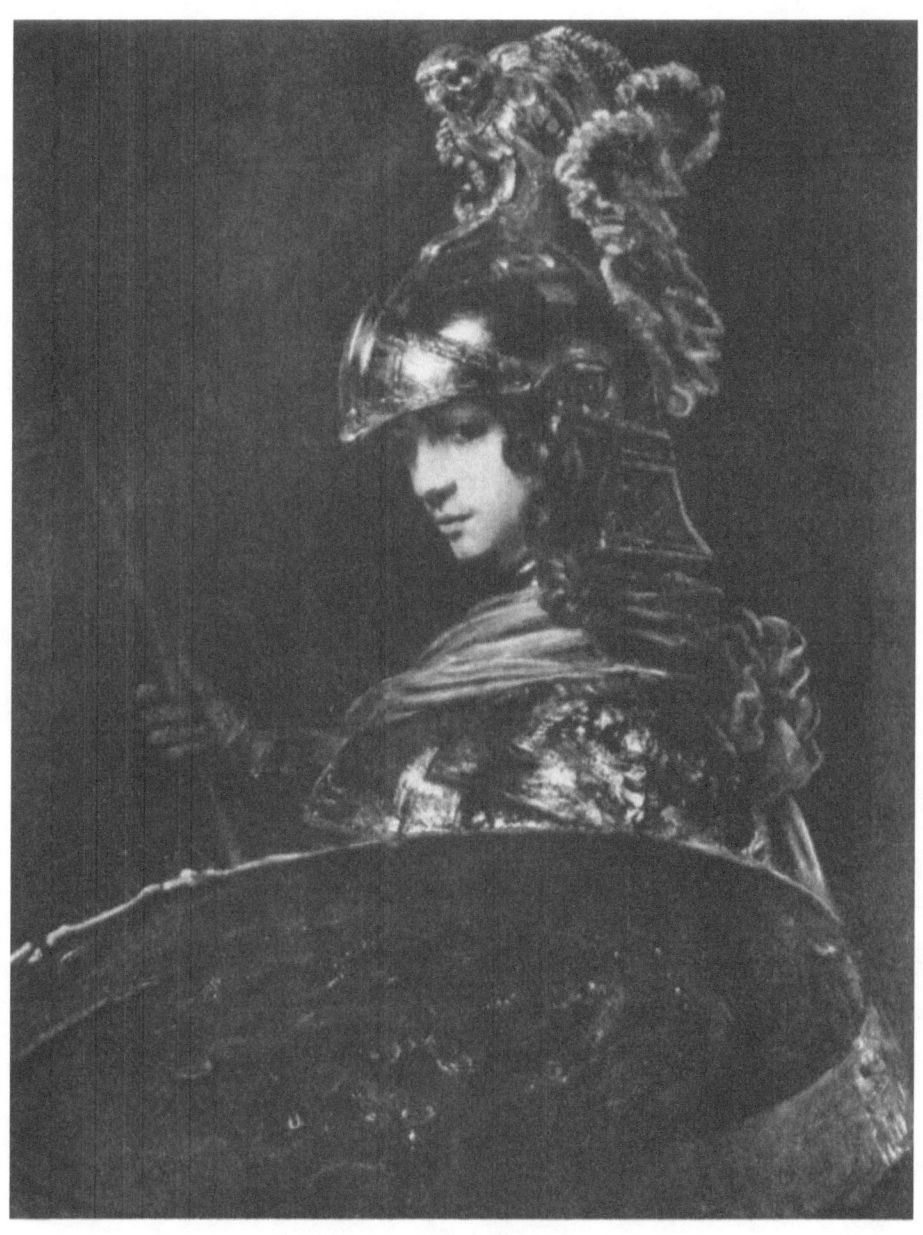

8 - آلهة الحكمة - رامبرنت

مجموعة غولبنكين

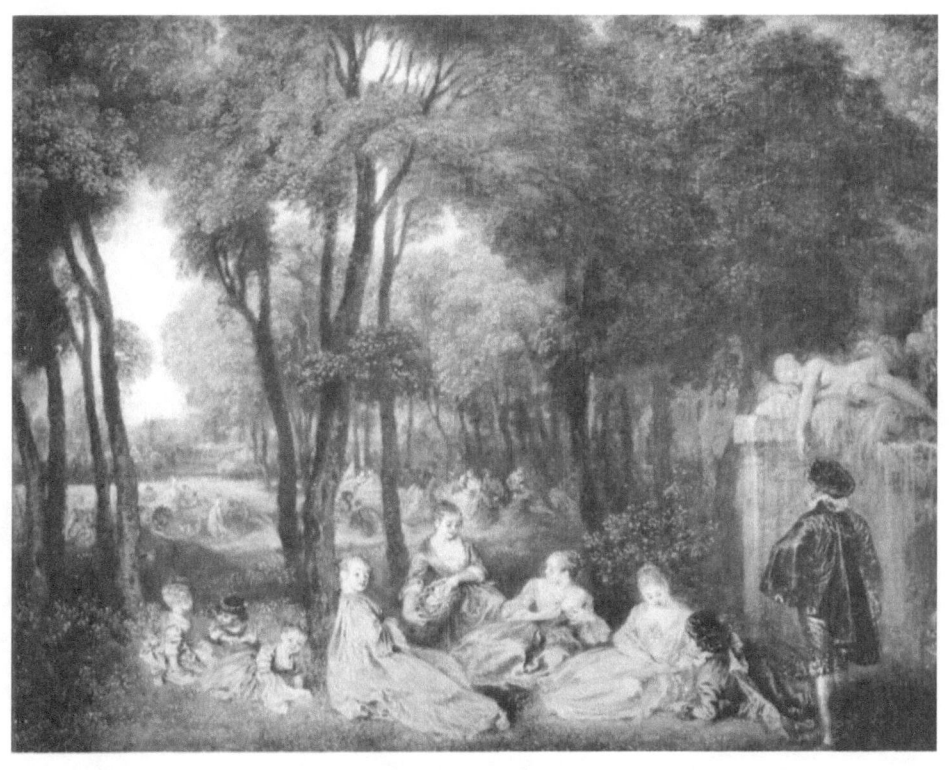

9 - الإليزيه - وآتو
مجموعة وآلس، لندن

الفصل السابع

ملاحظات حول بعض العصور السالفة مقيمة بمواصفات قيم الموضوع

سعت محاولتنا في الفصول السابقة إلى تحديد موضوع العمل الفني وكيف يكون عليه هذا الموضوع بصفة جزئية كما حاولت أن تعبر عن القناعة القائلة بأن قيمة العمل الفني ترتقى في اتساق مباشر لفهم وإدراك المشاهد[56] لموضوعاتها. في ضوء هذه الاعتبارات كيف يمكننا الاقتراب من مهمة تقييم عمل فني من الحقب الماضية البعيدة، معروف بشكل واسع وله قاعدة جماهيرية عريضة؟

دعونا نأخذ في الاعتبار بإيجاز هذه الأمثلة القليلة:

1 - الأعمال الفنية المصرية والشرق الأدنى.

2 - المنحوتات والعمارة الإغريقية والرومانية.

---

56 Intelligibility

3 - عصر النهضة الإيطالي.

4 - عصر الفن الفرنسي (القرن الثامن عشر).

بلاد آشور ومصر، بعيداً عن تقنية الألوان الخالصة والقوية جداً ما الذي يشدنا في فن آشور ومصر؟ من دون شك، ما يشدنا هو التأثير العميق الناتج عن الرمزية، والطرق البسيطة الظاهرة بوضوح. ربما بإمكان المرء أن يتساءل ويناقش ما إذا كانت المباشرة والتبسيط المستقيم لهذه الرموز ناتجة عن وعي أو أنها ناتجة عن محدودية التقنية ولذلك فهي تعبير خالص عن الحواس الفنية لمبدعها. الكاتب شخصياً من مؤيدي وجهة النظر الأخيرة. فهذه الرموز لها اتصال مباشر بالعوامل الأساسية الروحية، الدينية، والحياة المادية. والأشخاص المصورون هم آلهة، ملوك، أمراء، حاشية القصر، وأشخاص يمثلون أساطير بطولية إنسانية فردية[57]. التى طغت[58] عليها الأحداث التاريخية أو المهام الصعبة والمهمة التي كانوا يقومون بها. لذلك فهو فن، على وجه الحصر، ديني، وسياسي خالص، رسمي واحتفالي. ومع ذلك، في أحايين قليلة يتنازل ليظهر مظاهر الحياة العادية، وهنا أيضاً، يستخدم الفكر العام الخالص، والأنواع الثابتة، ولا يهتم كثيراً للتشابه الفردي، ولكنه يحدد نفسه بأبسط الأعراف. ربما يُمكن ربطها بشكل متطور من الكتابة الهيروغليفية لتسجيل أحداث عظيمة أو أنها تمثل أحداثاً كهنوتية مهمة جداً.

علاوة على ذلك، فإن ما يشدنا في هذا الفن ويسعدنا في الواقع، على الرغم من الأعراف المنهجية، التاريخ، عظيم و وضيع، لملوك أو لأشخاص عاديين له قيم -نسب، تناغم، تنوع في الألوان، والرسم - وخواص ملموسة، والتي عندما تستخدم لتصوير موضوع في موقع تساؤل تثير الإحساس الجمالي المراد بمباشرة رائعة وبقوة عظيمة. مع ذلك، صورة الملك "سيتي"[59] (15) على مركبته الحربية بدون شك

---

57 individulity

58 Overlaid

59 Seti

عولجت بأسلوب يفوق التقاليد المتعارف عليها. ومع ذلك فإن قوة الرسم والرمزية في تصوير الحركة تشد بقوة، فخطوط قليلة تكفي لجلب مخيلة المشاهد لعالم كبير لتجارب جميلة مفعمة بالحيوية مشرقة وهذا من غير شك يشهد على موهبة عظيمة عند الفنان الذي كان أول من حقق[60] الدقة المتناهية في الرسم الخطي[61]. عندما تحقق هذا مرة، من قبل عدد قليل من الرجال العظماء والمجهولين، أعيد تكراره مرة تلو الأخرى بعناصر مختلفة، والتي إستُخدمت بعد ذلك في الرسم الديكوري، أو كموضوع للوحات جداريه ذات نقش بارز[62] في الأفاريز[63] أو نقوش زخرفية عربية (اربيسك)

كما ذكرنا فيما سبق فان هناك تشابهاً بين نوعية الرسم هذه والعناصر الكتابية في الألف بائية (الأبجدية). تماماً كما هو في بعض مجموعة من الرموز المتفق عليها في الكتابة والتي تثير بدورها صوراً في عقل القارئ، والتي في العديد من المرات تخلق إنطباعات عميقة جداً أكثر من المشاهدة المباشرة للحقيقة نفسها، خطوط خارجية مؤكدة وقوية، أو رسم أولي كامل، يمكن ان تعمل كمحول[64]، تضع -كما لو كان الحال- قطاراً غنياً بالصور في العقل البشري، غير محددٌ بالتفاصيل المقدمة إلى العين، يعطيها الفنان التجسيد النهائي في الصورة -اللوحة- أو للنحت. القوة المثيرة للعاطفة في عمل فني معين تحتوي على علاقة أكيدة للأعراف التي أتبعت فيها؛ إذا كانت التفاصيل ضئيلة، فالانطباع الذي خُلق لا يمكن أن يكون قوياً؛ أين، في اليد الأخرى التفاصيل الكثيرة -والتي لا يمكن أن تزيد عن تلك الموجودة في الواقع المصور- لا تساهم دائماً في إغاثة عقل المشاهد بصور مرئية واضحة، لكونها في الحقيقة، كثيراً، ما تُحدد سلسلة ملاحظاته لسبب وضع قيود على إنتباهه. لذلك، إذا كان هناك الكثير من التفاصيل ومحاكاة (تقليد) مطابقة كثيراً

60 attain

61 Linear

62 Motifs

63 Friezes

64 detanater

للواقع المصور، يأتي تفاعل المشاهد بشكل عام، غير مرض، عوضاً عن الأختيار لهذه العناصر، والتي تستدعي بفعالية قوة الأعراف أقوى الانفعالات الجمالية إلى المقدمة. إنه فقط على هذا التوازن بين تناسق الأعراف والاقتراب من المحاكاة، و على ملاحظة الوسط الذهبي بين عدمية وإسراف التفاصيل (نقصان و زيادة)، تعتمد القوة العظيمة للإنطباعات الناتجة عن بعض عوامل الصور الرمزية. بمقياس كبير[65] هذه الخواص الممتازة من الممكن أن توجد في فن وتراث الشرق الأدنى المتعلق بتصوير عالم الديانات والأساطير. هذا الفن، بالأخص في آشور ومصر، حقق درجة عظيمة من الكمال في تصوير الصورة الجميلة المعتادة للحياة والعالم، إنجازاته التقنية هي الأخرى عظيمة في الحقول التصويرية والتشكيلية. أصيب في النهاية بالضعف والوهن وذبل لسبب توقف بعض النقاط في حركة تطوره، ولم تكن هناك محاولات أخرى بعد أن وصلوا إلى القمة في معالجة بعض موضوعات الخط واللون (وبالنسبة للنحت الدائري أو المسطح). عند تلك النقطة فن الشرق الأدنى توقف وتحجر. في الوقت نفسه، نفس الأقـدار حدثت للفن البيزنطي الأقل تواضعاً وغير الصالح للمقارنة بعد ألف من السنين فيما بعد. خلافاً لجودته المتميزة في النسب والأعراف، الفن المصري، اصبح عقيما وغير قادر على النمو. لقد أستطاع في إحدى الحقب -وهذه حقيقة-، إخصاب الإبداع الفني الإغريقي، ودخل بعد ذلك عصره العظيم؛ ولكن بعد ذلك، لم يكن في إستطاعته إخصاب بذرة ظاهرة جديدة منذ ذلك الحين ظل بدون تغيير في الشكل وفي نطاق محدود جداً.

لقد تمكن فن الشرق الادنى بواسطة تطوير الأعراف الخطية التي تصور موضوعات لفكر رئيس، من أن يشير إلى إنجاز ثالث في الإستخدام المتناسق للألوان الشعبية[66] للتأثيرات الزخرفية. هذا المزيج من الألوان المؤتلفة أصبح له أساس جيد[67] وقيمتها نهائية ودائمة جداً لذلك وبدون شك سيعاد إستخدامها في المستقبل، على الأخص في مجال الزُخرفة. هذا التناسق الجميل للخط والألوان المؤتلفة

65 in large masure

66 color masses

67 so well established

يضم مع وفرة الموضوعات الفنية، الخصائص الأساسية المهمة للفن المصري. الفن المصري لديه عدد قليل ومحدود من الإنجازات التقنية الكلاسيكية في حقل التلوين، مثل: الخيمة الجيرية 68 لصورة الملك سيتي 69 والآلهة "حاتور" 70 (16).

النحت الإغريقي، إذا طمعنا في تناسق وتناغم مطلق في عمل من خلق الإنسان، أياً كانت الصورة التى يمثلها، تصويراً لأشخاص أحياء، أو للطبيعة، أو لموضوع (شيء) معين، أو لقطعة معمارية، لسوف نجد أن في اليونان نوعاً من الفن، وصل مع مرور الوقت، إلى جودة لايمكن إحرازها أو تحقيقها، في التناسق والتناغم، في الرسم والقولبة 71. تُشكل المعَابد الإغريقية والنحت الإغريقي القاعدة في مجال أحاسيسنا الجميلة الغريزية. وقد احتفل النحت الإغريقي والعمارة الإغريقية بنصرهم العظيم في ما يقارب من ألفين وثلاثمائة سنة خلت. الإبداع الفني للفترة الطويلة التي ازدهر بها، قد أثار بلا حدود إعجاب الفنانين المعاصرين، وأصبح الأسس للتطور الفني الروماني، ومن خلال روما، أصبحت الأساس للفن البربري. وتمكنوا مرة أخرى، بعد ما يقارب من ألف عام من الانحطاط من سلب لب المعجبين من الناس في عهد عصر النهضة. ومن ثم أيضاً أصبحوا الأساس لفن الباروك 72 (17)، ثم تبع ذلك قيام الكلاسيكية المزيفة 73؛ في ما يقارب نهاية القرن الثامن عشر وبداية القرن التاسع عشر. وختاماً، أدخلوا السرور إلى قلوبنا وأمتعونا في القرن العشرين.

إن المواصفات الموضوعية في غاية الأهمية هنا إذا وجدنا جواباً مقنعاً للسؤال المطروح لماذا النحت الإغريقي والعمارة الإغريقية عظيمان جداً. بادئ ذي بدء لنأخذ النحت. فموضوعاته غنية وعلى

tints brick	68
king Seti	69
Goddess Hattor	70
moulding	71
Baroque	72
classical Pseudo	73

درجة من الإكبار، تتألف من آلهة وأبطال، ورياضيين رائعين ونساء في غاية الروعة والجمال. لقد اكتشفت هنا قاعدة ذهبية لشكل الإنسان وهي قاعدة مطلقة ونسبها مناسبة للغاية وناجحة من حيث الموضوع والشكل (لنترك بعض الوقت لهذه الفترة عدد المواد الخام المستخدمة والمناسبة لعرض العمل). أحياناً، بالطبع، بعيداً عن المشاهدين السطحيين والسذج الذين أعترفوا بوجود بعض البرود في النحت الإغريقي، نتيجة إجادة المعايير، وقد عللوا فقدان الاتصال بعالم الفكر والإحساس لوجودها. يظهر أن "هـ تين"[74]. (18) الذي كتب فصلاً جميلاً عن النحت الإغريقي يُعتقد إن المنحوتات البشرية الإغريقية (التماثيل) لديها القليل مما تقوله عن الروح، ولكن خواص هذا القول مادية. ولذا نجد مُفكراً عظيماً مثل "تين" يسمح بمثل هذا الانطباع لأنه ربما قد أحس بتفاوت شديد بين الفن الإغريقي والأعمال الفنيــة الخاصــة بالفترة التي عاشهـا؛ كمــا يقــال، الفترة الرومانطيقية التي شهـدت ثورة عظيمـــة في التضخيـــم ووفرة في الأفكار التعبيرية.

لكن في الحقيقة النحت الإغريقي ليس خالياً البتة من الحياة أو إنــه ليس مهماً. وما يفسره الكثير من النقــاد بفقدان الشخصية (الروح) ما هو إلا نتيجة الأعراف في تصوير الحقيقة. الأعراف الإغريقية كانت غير متسامحة مع الانفعالات العاطفية الذاتية المطلقة، النحت الإغريقي مكرس ومخصص بكامله للموضوعات الدينية والبطولية، وهو مصمّم مثله مثل باقي الفنون العظيمة لكسب حب الشعب بالكامل. لقد صوَّرَت بالكامل آلهة وأنصاف آلهة، أو صور الإنسان الذي يرمز إلى العفة والفضيلة، و صوَّرَت العيوب والنواقص، و صوَّرَت الجانب الشخصي وكفاح الشعب. وإلى جانب عالم الحقيقة، فالأساطير الإغريقية خلقت عالماً آخر في صورة الشيء الحقيقي، ولكن بشكل أجمل كثيراً، وبكثافة أكثر. وفى هذا العالم، قدم النحت الإغريقي تطوراً عظيماً على القديم. ليس لأن اليونان كانت بدون توجه تقليدي، وكانت بصورة أكثر تحديداً شيطانية، حسية، مشوهه، وأشخاصها مرضى نحتت أشكالها في رخام. أمثلة يمكن مشاهدتها في كل المتاحف الأوروبية والأمريكية. وهذا

---

74 Taine. H.

ليس الناتج العظيم للنحت الإغريقي، الذي كرس لتصوير الأبهة[75]، والقوة والذكاء، وقاعدة النسب الخاصة بالجسم وحركاته، وآلهة وأجسام الأساطير، والمحاربين الشجعان والرياضيين الذين اقتربوا منهم جداً في الفكر الإغريقي. إنه نفس النحت، أيضاً، الذي نتجت عنه الصور الشخصية المنحوتة، والذي أرتقي به إلى موضع عال لا مثيل له بعد ذلك في روما. وأخيراً يظهر لنا أن هذه الملاحظات القَليلة كافية كأساس لخلاصات معينة.

الفن الإغريقي، كما قورن مع فـن الشرق الأدنى فـي العصور القديمة، يعطي عمقـا وغزارة لموضوعاتـه باستخدام الاعتدال، فهو بسيط وظاهري، ويدعوا للسعادة. ويعبر في الوقت نفسه عن القيم الجمالية المطلقـة بتناغم الخط، فالشكل والألوان التي كشفت عن نفسها دفعة واحدة كما لو كانت إلهامات غير طبيعية، وأعطيت شكلاً متماسكا[76] في عدد من المعايير[77] غير المتغيرة. بالطبع لم تخرج بنفسها إلى أبعد من الأعراف المتفق عليها، لكن مقارنة مع الفن الشرقي المتحجر[78] والهيروغليفي[79]، أصبحت تقريبا المصدر لكل الإلهامات الفنيـة في أوروبا. وبكل وجوهها في حقل الإبداع الفني. أخذت كل ذلك الجميل من الحياة وزادت في جماله. فالأعراف في الفن الإغريقي، كما لو كانت تشكل إطاراً للأمن، تحمي من التهويل (التضخيم) أو من التفاصيل الزائدة، في حدود تقديم الحقيقة بأمانة. تمثال "فيدياس"[80] و "براكسيتلز"[81] ليست رموزاً فقط، مثل أعمال النحت المسطحة الآشورية، ولكنهـا تقدم الشكل الأقرب المماثـل للجسم الإنسـاني، وتستدعي إلى الذاكـرة وهم الحقيقة[82]. النحت

Majesty	75
Concrete	76
Canon	77
Petrifief	78
hieratic	79
Pheidias	80
Praxiteles	81
reality of illusion	82

الإغريقي كافح[83] من أجل تكريس الانطباع ووهم الأبعد الثلاثي للإنسان الحي، وكما هي في الواقع، كما أن لمسات الجمال طورت[84] إلى الحد الذي كان من الواجب أن تكون عليه.

الفن الروماني، وسع الواقعية للتصاوير الذاتية للإنسان والطبيعة بدرجة كبيرة. العديد من التماثيل النصفية لأباطرة ورجال ونساء ذوي مراكز مرموقة تُعطي دليلا لا يقبل الشك في هذا الأمرُ. فنرى كيف أن الطيع مع الصلب[85] تعبير رمزي شرقي صرف، من ناحية عمل به من قبل الفن الإغريقي، وفتح الطريق للتطور بلا حدود في اتجاه الواقعية أو القرب من المحاكاة، ومن ناحية أخرى، تطور بلا حدود في التكوين والخيال الإبداعي. ولما تبقى من السهل أن نسجل إذا نظرنا إلى وجهة سير المقب التاريخية التي خلت، والتي كان فيها دائماً عودة إلى الرمزية البدائية (في التصوير التجريدي) تتناوب[86] مع مقب تكافح من أجل واقعية أكثر، وطرق حسية للتصوير. فرقاص الساعة يميل بين فكرة الفن الخطي التي يترك فيها كل شيء لتفاعل المشاهد والتفاصيل الكثيرة، ووفقاً لذلك، يكشف الفنان عن رغبته في إعطاء تعبير وافر قدر الإمكان لأحاسيسه الجمالية، بأن يعطي أحاسيس جسدية بين التخمين العقلي والمادة. حيث تصبح هذه الأحاسيس الفنية المتطرفة مستقرة طبيعياً في منتصف الطريق، وحيث يتمد الاثنان في تناسق مع قدرة المشاهد العادي. فالعصر الذهبي للنمت الإغريقي كان عصر تحقيق التجانس، وهذه الحقيقة تساعد على إعطاء ذلك النمت قيمته المطلقة.

عصر النهضة الإيطالي، الواقعية المادية للمقب الرومانية تبعتها الرمزية المغالية[87] وضيق الأفق البيزنطي، وكردة فعل لذلك الأمر أنتج

Strove	83
enhanced	84
the breach with the stiff	85
Alternated	86
Exaggerated	87

القوطي [88] الذي يصعقنا بأسلوبه الطفولي في الكثير من الأحيان، وأحياناً بالواقعية المطلقة. مرة أخرى تذبذب رقاص الساعة المتعلق بالذوق (ماعدا في حالة العمارة)، حتى سمحت البدائية القوطية بشيء قريب من القواعد الجمالية المطلقة. هذا التذبذب يظهر بوضوح جداً في القرن الرابع عشر والخامس عشر في إيطاليا و "الفلمنك" [89] (19) عند عمليات العودة إلى قواعد الجمال الذي كان يهيئ تدريجياً إلى عصر النهضة العظيم. وقبل ذلك لا البيزنطي الكهنوتي ولا القوطي الواقعي يمكنه تحقيق محيط الجمال؛ أكثر من ألف من السنين من الغباء و الخوف، الإنسان نسى قواعد التقنية الفنية ولم يعرف كيف يصور أو كيف ينحت. كان يجب عليهم أن يعاودوا التعليم من البداية. ويجب، أن نشير مرة أخرى إلى أن هذا لا ينطبق على العمارة؛ فالكنائس الرومانسكية [90]، والقوطية بشكل خاص، هي زهور رائعة تتفتح بمعجزة في صحراء العصور المظلمة. ما ذكرنا ينطبق على النحت، وفوق كل شيء على التصوير.

في تصاوير (اللوحات الفنية) القرن الخامس عشر [91] والسادس عشر الإيطالية نرى على غير المألوف خليطاً من المكنونات الروحية السعيدة و الأشكال المادية، تبدأ من أبسط الأعمال المشهورة والمتعارف عليها و التي نجدها بين البدائيين وعظماء القرن الخامس عشر، وعند تحقق الذروة المادية، وكما، يعتقد البعض، المتفوق. فلدينا في عهد عصر النهضة عدد كبير من الفن الغني -بلا حدود- بالمضامين المختلفة الأنواع؛ ديني وفلسفي الفكرة، وحسي، وتجارب للنتاج الفني بإستخدام الرخام أو تصوير الأشياء والأجسام الحية، وخيالات غنية، وذكاء في التكوين، ونضوج في التقنية، وأحاسيس للقيم المطلقة للجمال النسبي، والشكل، واللون. ومع ذلك، ومع بعض الإستثناءات، فإن قيود المحكمة و أعراف التجانس العرضي لم تتعدى. فتصاوير العصر تعطي صوراً (صور للطبيعة) تُصور الحقيقة أو الرؤية الروحية في شكل

Gothic	88
Flanders	89
Romanesque	90
Cinquecento	91

مفهوم إلى عامة الناس لأنها تظل ملازمة للفكر والإحساس الإنساني الحالي فكل إنسان يتفاعل ويفهم ما هو الأبدي في لوحة "رفع مريم العذراء إلى السماء"[92] أو في لوحة "الدفن"[93] ل "تشن"[94] من الرمزية التجريدية البيزنطية إلى شئ في بعض الأحيان يفوق المادية في فن القرن الثامن عشر، وقد تبع ذلك في عرض وطول أوربا موجة من الروائع وصور متجانسة وإبداع تشكيلي، تعدُّ وتهيئ الحقبة الثالثة، والرابعة، لثورة فنية عظيمة من خلال حشد من المبدعين الموهوبين والأذكياء النوابغ.

القرن الثامن عشر انتعش وانتصر فيه الفن الفرنسي. كما أنه وجدت فيه بعض الزهور المتأخرة للعادات العظيمة في إيطاليا مثل: صور مناظر الطبيعية الفينيسية[95] و "الجسد الوحيد لتيبولو"[96] وأخيراً ، في نهاية القرن، مصوري الشخوص و الطبيعة[97] الإنجليز.

بعد المحاولات الإبداعية الفنية لعصر النهضة الإيطالية وهن بركان الإبداع الفني وضعف لحد ما. فتيار الموهوبين تبع بكل سلاسة الاتجاه نحو الزخرفة. وسوف لن يكون في مقدورنا -إذا لم نتمكن من الأخذ بعين الاعتبار الأفكار الديكورية الفنية للقرن الثامن عشر- أن نفهم بالكامل سحر وجاذبية الحقبة التي قال فيها تاليراند[98] إذا لم يعشها إنسان ما فلن يتمكن أن يعرف ما يُعنى بحلاوة الحياة. وبعيداً عن تقنياته الجديدة الرائعة ولطف تجانس تكويناته فوق العادية، فإن فن القرن الثامن عشر، له هذه الخاصية العظيمة: إنه يقدم صورة عاكسة أمينة للعالم ولطرق الحياة المثالية التي كانت في ذلك الوقت. انه يعطي تعبيراً دائماً للذوق، والإعجاب ووجهات نظر العالم التي كانت مواصفات العصر النموذجية. لقد تخطى

92 Assumption

93 Entombment

94 Titian

95 .The Venetion Paysagists

96 .lonely figure of Tiepolo

97 Landscape

98 Talleyrand

حماقة التهذيب، والصقل، و الجمال، وعقلية وفسق الحياة العادية. أن فن القرن الثامن عشر لا يحملنا بعيداً، مثل فن عصر النهضة الإيطالي، ولكنه يسعدنا ويفتننا. أنه يتضمن سلسلة كاملة من التجارب الناعمة، بتفاؤل سهل وسعادة، مقترنا على قدم المساواة مع تضخيم[99] غير متمثل من التفاصيل و التقنية الجديدة الرائعة في الرسم واللون. كان العصر الذي لا سبيل فيه لإنفصام الجمال عن السعادة.

يسعى الانفعال -ومهما كان ثوريا- بكل مافى الكلمة من معنى- المرتبط بالإسم "ديفيد"[100] (20)، إلى إعادة الأساسيس القوية والعظيمة للفن. إنه يدعو لنهاية الموضوعات المأخوذة عن الحياة البسيطة و العودة إلى الفكر الدرامي والبطولي الصارم. وقد قُلد هذا بدوره من قبل الرومانطيقية، متمنية مرة أخرى الفوز بالإحساس والأبهة الجارفة للون والمادة، والإنفجار العاصف في السلسلة المرتبطة بها مخيلة الفنان والمشاهد.

إذا أخذنا بعين الاعتبار بوجهة النظر المميزة لبعض الحقب الفنية العظيمة التي تشبه إلى حد بعيد زماناً مثل زماننا. في سبيل دعم النظرية التي قدمنا سابقاً، -بعيداً عن التقنية، وهى نظرية لا غنى عنها، ولكنها ليست كافية بمفردها- أقول إذا أخذنا ذلك بعين الاعتبار فإن الأكثر أهمية في التصوير والفن التشكيلي هو الموضوع، والأعراف و القواعد التي تحكم الشكل الذي من خلاله يعبر عن المضمون. فكلما كان الموضوع عظيماً وعميقاً، كان تداخلها وارتباطها أعمق في مشاكل الوجود المادية و الروحية العظيمة. أو كلما كان تقديم طرق الحياة لعصر معين أكثر إشراقاً، كان الفن محترماً وأكثر عظمة. من جهة أخرى، كلما كان الموضوع محدداً أكثر، كان التوازن بين الخيال والتقنية مختلاً أكثر، وبناء على ذلك فإن خسارة الإنتاج الفني في القيمة و الإستمرارية اكثر، وكذلك قدرته على

99 elaboration

100 David

إثارة التفاعل الفني عند المشاهد.

لست راغباً أن أجعل هذه التحليلات تبتعد عن هدفها، سوف نذكر كلمات قليلة تخص الانطباعية على ضوء ما أكدنا، ونترك جانبا السؤال الخاص بالتقنية، ما الذي تركته لنا الانطباعية؟ تركت من غير شك صوراً للطبيعة (مناظر طبيعية)، وواجهت مشكلة مهمة، ويجب الاعتراف بأن الانطباعيين حلوا مشكلتهم بطريقتهم، تحديداً، انعكاس نظرتنا للطبيعة في كل رشاقتها وألوانها المتغيرة. المناظر الطبيعية بالطبع من غير حدود عظيمة، الموضوع دائما جديد و دائما غني بالموضوعية. ويجب الأخذ بصور الأجساد البشرية و العارية للانطباعيين كمدرسة تجريبية متميزة، زينت بروح موهبة حقيقية أحياناً. لكن المناظر الطبيعية للانطباعيين (والطبيعة الساكنة) سوف تبقى دائماً من غير شك، إنجازاً ذا قيمة كامنة في ذاتها[101] (21).

101 في هذا المجال يمكن العودة إلى كلود مونيه، بيسارو، سيسيلي،

الفصل الثامن

النزعة الحديثة

سوف نحصر، إذا سمح لنا بالتعميم، جميع الحركات التي يطلق عليها "حديثة" في الفن منذ نهاية المرحلة الانطباعية حتى وقتنا الحاضر، تحت اسم "النزعة الحديثة"[102]. على الرغم من كل اوجه الاختلافات، فالمدارس والتجمعات التي من الممكن أن تصنف تحت مسمى "النزعة الحديثة"، تقدم بعض الملامح المتعارف عليها والمعتادة، وأكثر من هذا وذاك، يبدو أن هناك سببا مشتركاً لضعفها وفشلها. لهذا انه واضحاً وضوح الشمس ان المعاصرين في التصوير الحديث لم يحققوا النجاح المتوقع منهم حتى الان.

كما هو واضح بجلاء من التأملات السابقة، فإن السبب المباشر لهذا الضعف يكمن في مضمون اللوحة والأعراف التي تبنها المصورون لإنجازها. من الممكن أن تسمح التقنية التي استخدموها إلى ظهور مطارحات طويلة الأمد، ولكن ربما يمكن القبول بأن المصور

102 Modernism

المعاصر يقف، أو ربما يقف على مستوى عال جداً تقنياً. برغم من ذلك (بعيدا عن حقل الزخرفة الصناعية) فإن فنهم أساساً ممل، غير مشوق وبشع. موضوعاته ليست مثيرة. انه انصرف لكرهه للدين، والأخلاق، والتاريخ، والبحث عن الجمال في الطبيعة والفن؛ إلى تصوير تلك الموضوعات، الذي قرر أخيراً الإعجاب بها، الأعراف التي اتبعت ليست موفقة. انه فن أناني، ربما يُعيد إنتاج أحاسيس الفنان ذاته، دون أن يعير أي انتباه لمشاعر وأحاسيس المشاهد. فنٌ مثل هذا لا يمكن إلا أن يكون ثنوياً، لو كان للفنان رؤية كبيرة، فسوف يثير عند المشاهد رؤية مشابهة لها في الحجم والقيمة. ميله، على أية حال، في النظر إلى المتناهي في الصغر، والذي قد يكون متساوٍ في الجمال، ولكن ليس صالحاً لترسيخه في لوحة تفتن الأحاسيس الجمالية للأفراد العاديين، أو حتى النخبة المثقفة. التناغم والتآلف المتحقق غير كامل وغير قابل للتحقق منه بالتجارب الاعتيادية، لذلك هو -الفن- غير ناضج وغير أهلٌ لسجلٌ دائم. بعيداً عن مجمل هذا أنه واقع يؤسف لأجله، لكون التجارب الفنية الشخصية يمكن تسجيل معضمها بطريقة مفهومة للغير، توجد هناك، في بعض الأحيان، انحرافات عن طريق الأحاسيس المعتادة، إيجابية بالطبع، لكنها لاتزال غير مفهومة من قبل الآخرين؛ أو قد تكون سلبية تجسد رغبات شخصية، من خلال التناغم مع خط الحياة الاعتيادية من خلال تطورها في حدود الوعي والتوجه الجماهيري المفروض. مراراً عديدة تنحرف النزعة الحديثة وتزعج ميزان الحكم الذي تظهر من خلاله الحياة عظيمة أو تافهة. من الممكن أن يكوِّن المرء رأياً عندما ينظر من خلال عدسة الميكروسكوب حيث يشاهد الألغاز التي لا حدود لها، القوة والصلابة المطلقة للذرة، مفاده: أن اللوحة التي تمثل مشهداً لحياة قديمة، أو ربما حدثاً دراماتيكي بمقياس القيم بشكل شامل وغير طبيعي بين المتناهي في الصغر والمتناهي في العظم حجما. التجربة، مع ذلك تعلمنا، انه بسبب محدودية نظرتنا الحسية، بعض التضخيم فقط مسموح به في التصوير على الرخام، أو في التصوير الزيتي، إذا أريد للأحاسيس الفنية للرجل العادي أن تُقنع؛ وهذه السلسلة محددة بتمازج القيم الموضوعية. حتى الصورة، بعيداً عن بعض الانحرافات عن قوانين الانفعالات العادية، مهما كانت هذه الصورة ذات تقنية عالية الجودة، لا ترضي المشاهد و تفشل في إثارة أحاسيس متمازجة

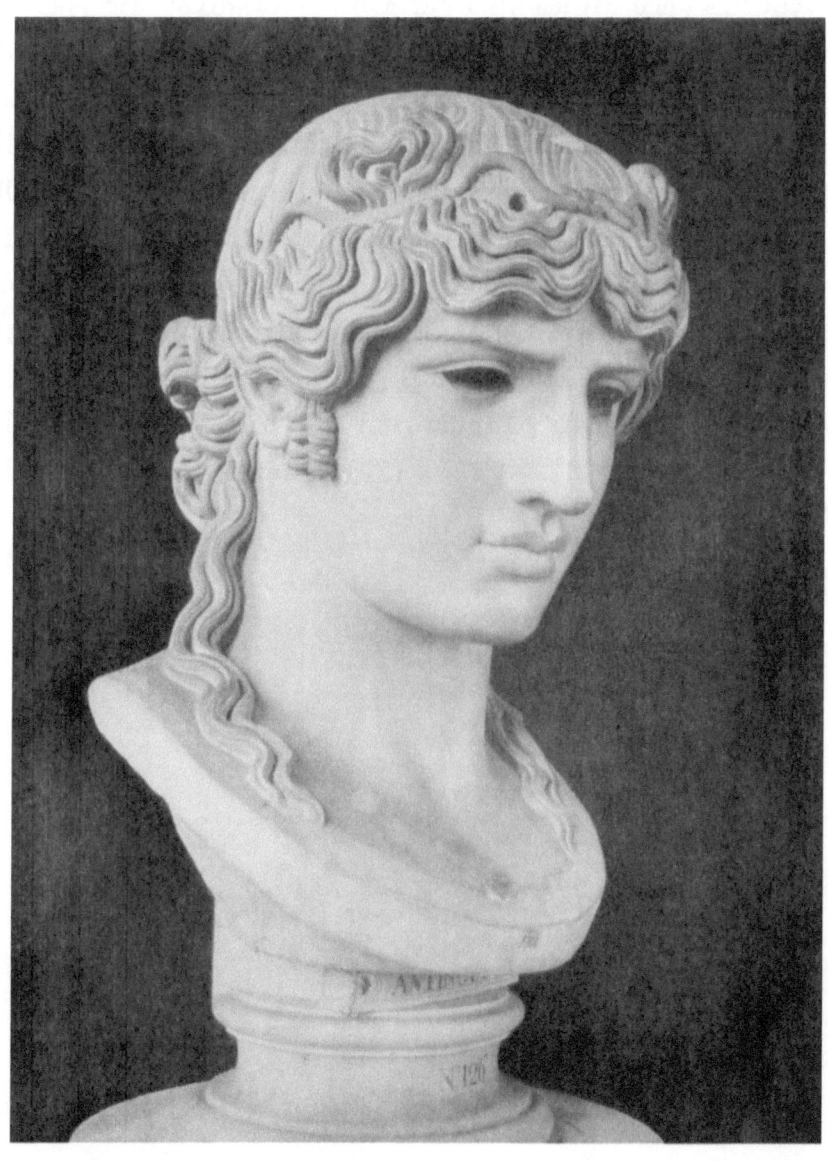

10 - أنتيبيوس

مقنعة. إنها، على العكس من ذلك، تثير التناقض والاشمئزاز. وتبعا لذلك، إذا أضيف إلى ذلك مضامين غير أمينة إلى جانب الخطوط والألوان غير الأمينة، فالأثر الناتج عن هذا، هو: أنه ليس هناك أي أحاسيس جمالية قد أثيرت عند المشاهد. غير أن مظاهر التفكير يمكن، على كل، أن تثار بنفس الطريقة التي تثار بها علامات الذاكرة، الكتابة، أو الرسوم الأولية. انه ضد هذا الحائط الصلد تتردد حدود الانفعالات الجمالية للرجل العادي وكل تجارب المحدثين في التعبير قد أحبطت بتفاهة. كل شيء سوف يتوافق مع موقعه بسهولة في ذلك اليوم الذي يرى فيه أولئك الذين خلقوا تصاوير ومنحوتات بدون أي لمسات جمالية تذكر، وسوف يفهمون أخيراً أنهم استخدموا شكلاً جديداً من العلوم أو الفن ليس له علاقة بالتصوير أو النحت المقلد. ولكـــن، بالطبع، نقاد الفن سوف لن يتمكنـــوا من مقارنة الواقعيـــة مـــع " كوروجيو" (22).

الفصل التاسع

دروس الخبرة

وصلنا الان إلى النقطة التي تسمح لنا أن نقترح بعض المقترحات التجريبية ذات العلاقة بتدريب الناشئين من الفنانين، ولربما، أيضاً جمهور المشاهدين. تاركين المواصفات الجمالية وراءنا، لنخطو إلى الأمام آخذين بعين الاعتبار بالوصفات النظرية.

1 - الموضوع الذي يتم اختياره يجب أن يتوفر فيه مضمون متكامل، في مجال توسيع مدارك الفكر والأحاسيس أو لتركيز الفكر والأحاسيس (ليس شرطاً أن يكون قصصياً) هذا من جهة ومن جهة أخرى فإنه، لا يجب أن توضع ثقة تامة في احتمال ظهور أو إخراج نتائج عظيمة بطريقة التحـــليل الصغير اللامتنـاهـي لمـوضوعات غير مهمة، أو

بالتشويه. (23).

2 - على المرء أن يصور الأشياء التي يؤمن بها، متجنباً الأنانية. فالفنان يجب أن يحب الطبيعة كما يراها الإنسان العادي.

3 - طريقة عرض اللوحات الإبداعية يجب أن تعطى في الحال الانطباع عن الحقيقة، أعنى، يجب أن يكون هناك واقعية صالحة للموضوع. الكيفية التي تم الحصول بها على هذه النتيجة -حصل عليها بخط واحد أو بعدة آلاف من الخطوط- هذا غير مهم، ولكن الأعراف المتبعة يجب أن تكون على مثال تلك التي يكون فيها المشاهد مقتنعاً في الحال. ولا يحتاج إلى محاولة لفهم الصورة المبدعة في مخيلته في حال النظرة الأولى للعمل الفني.

التجارب تعلمنا: -ماعدا في بعض الحالات- ان الأعراف المثالية تقع في منتصف الطريق ما بين أقصى أثنين: ترك الكثير لفهم وأدراك المشاهد من جهة، ولإعطاء مخيلته[103] الكثير من جهة أخرى. إن ما ينبغي أن يعنيه الشيء المعروض هو أن يُترك للمشاهد عملية الخلق الثانوي لإدراكه الحسي، ليفهم العمل الفني بوعي، فما لا يمكن فهمه بدون تعليق خاص، يفشل في هدفه.

4 - يجب على المرء أن يحاول تصوير أشياء جميلة أو ذات موضوعات هامة، ويجب أيضاً على المرء أن يرسم ويصور تصويراً جيداً وجميلاً. إنه ليس من مهمتنا هنا أن نناقش أمر التقنية، ولكن هناك ملاحظة واحدة يجب أن تذكر: المصور ليس المبدع الاعتباطي لألوانه، كما يُذكر دائماً. بالطبع، هو يختار أنواع مجموعته و درجاتها، ولكن القسم الأكبر منها موجود في الطبيعة حالياً. أي انحراف في قيمتها المتوسطة يجب تنفيذه بحذر شديد. إن عملية إبداع ألوان جديدة، إذا كان في الإمكان عمل ذلك تكون دائماً عملية في غاية الصعوبة والخطورة في

---

103 perception

الفن التقليدي. (24).

5 - التصوير والنحت يعملان على إعـادة إنتاج الأشياء والموجودات الحية في أشكال ماديـة حيـة توجد بيننا. إذا أردنـا أن نعطي الخلود لتجاربنا أو مشاهداتنا التي لا يمكن التعبير عنهـا في أشكال ماديـة، عند ذلك يجب أن نسجلها بالكتابة، أو بمساعدة الرسوم الأولية. على كل، إذا التجأنا إلى تقديم التجريدية في شكل أجساد بشرية أو أشكال مادية، فعند ذلك يجب معالجة هذه الأجساد بدقة متناهية وليس تجريدياً.

6 - أخيراً النحت والتصوير لا يمكن عزلهما عن قواعد الجمال الدائمة. هذا الأخير -التصوير- متعدد للغاية ويمكن أن يُعد و يمزج إلى ما لانهاية، ولكن أي انتهاك لها -قواعد الجمال- ينتج عنه إخفاق تام. إن صورة زيتية أو قطعة نحتية يجب أن تكون جميلـة وفاتنـة، ولكن الرؤية الجمالية ليست أمراً خاصاً، هنا يجب أن تكون وجهة نظر عامة متفق عليها بالإجماع. و هذا لا يعنى أن التصوير أو النحت يجب دائماً أن يمثل أجساداً جميلة مثالية في كل أجزائه. لان ذلك سوف يبعده كثيراً عن الحياة الحقـة. لكن الأجساد المصورة يجب أن تكون فاتنة، وإذا لم يستخدم الاحترام ليملى الجمال في اختيارهـا أو في تصويرها، يجب إذاً التعويض عنه بتضخيم بعض الخواص ذات الفتنة المتساوية. على أية حـال "التقبيح" المنظم والعمل على تشويه الإنسان والعالم مارسه العديد من الفنانين المعاصرين بشكل مفرط.

7 - العمل الفني يجب أن يكون متجانساً مع الأعراف التي يتبعها. يجب أن لا ننسى أنه لاشيء واضح من مسافة بعيدة جداً، في حين، إذا نظر المرء لا يرى الخشب من الشجر. عندما يقف المرء بين حيطان التأثير الفني تبدو الصورة الرائعة لمدينة على هضبة مخيبة للآمال. يجب أن لا يكون هناك تجريد مطلق ولا تفاصيل دقيقة جداً.

8 - مع ذلك فإن مهمة فن تصوير المناظر الطبيعية و الفن التشكيلي هي تصوير الحياة كما هي حولنا، كما يجب أيضاً أن تحاول رسم الأشياء الميتافيزيقيـة البعيدة عن رؤيتنا التي تحجبهـا حاشية الستائر. فالعمل الفني يجب أن يُجسـد أحاسيس النشـاط الإبـداعي المثارة في روح الفنان والمشاهد على حد سواء، والتي بدونها لن يوجد. إن الفنانون العظمـاء يمنحون الإنسانيــة تجارب جديدة، رؤية جديـدة للمستقبل، وثورة روحية جديدة.

9 - الوجـود النسبي للجميـل المطلق و الوجـود النسبي للقبيح المطلق، وترابط الألوان يجب أن يُؤخَذَ في الحسبان. دعونا ننظر إلى ذلك بعمق وبتداخل قـدر المستطاع في الأشياء الجميلــة التي من حولنا، ومن عناصر الجمال التي نشاهـد، دعونا نخلق صورة جديـدة، والتي بدورها سوف تثير أقوى و أعمق و أكثر خلقاً إبداعياً للأحاسيس الجمالية الجديدة. دعونا نقلد الطبيعة و في نفس الوقت نخلق أشياء جديـدة بمزج الحقيقي و الخيـالي ولكن بعناصر متشابهــة. إذا أحس فنان أن لديه في روحه ثورة جديدة ليعطيها إلى العالم، هنا، بالطبع، يجب أن لا نسمح لــه أبداً بإضاعــة الوقت حتى يأتي بهـا إلى النور. وهناك شئ إيجابي يجب إن يضاف إلى إعــادة صياغة الحقيقة؛ وهو الفكرة الجديدة والقوة الجديدة، وإلا فإن كل مـا سوف نحصل عليــه سوف يكون صورة فوتوغرافية، أمينة إلى حد معين، ولكن لا حياة بها، ميته. و سوف نخسر الفرصة لقول شيء جديد ذي فائدة. وفي كثير من الأحيان الصورة الفوتوغرافية "ليست شيئا جديداً" ولا شك لفشلها في إصطياد ما هو سريع[104]، إسقاطي[105] ومبهم في الموضوع. وضع دقيق، وجاف، وغير صالح ومتحجر، وكثيراً ما يفشل في عرض المهم. فإذا أريد للحظة الخاطفة أن تُسجل، فإنه يجب أن تمثل اللحظة المتوهجة، الشديدة الوعي بمجرى الحياة المعاصرة المتدفق غير المعترض، فكراً وإحساساً.

104 Fleeting

105 Progective

المرء يجب أن يُصور، ينحَت، ويبني بشكل جميل جداً و الفنانون العظام سوف يفعلون هذا من غير شك. ولكنه ليس كافياً أن نعتمد على مثل هذا الحدس فقط، لأَنه، بعيداً عن النوابغ، هناك المئات من الفنانيَن الجيدين والقادرين الذين سوف يكون من الأفضل إعدادهم جميعاً لمهن إبداعية.

الخاتمة

تكمن عظمة الفن في أنـه يبعث الراحة النفسية والجسمانيه. إنـه مـهـم جـداً في الحيـاة، وأهـم مظاهـره مرتبطـة بأحاسيس الرضا الطبيعية. التجاوب الجمالي والإحساس بالجمال الفني مرتبط مع كل ظواهر الحياة و التنمية الثقافية، وبشكل عام بالعمارة، وفن الديكور، والزخرفة.

الفن تبعاً لذلك عامل مهم جداً في حياة الإنسان. والوعي بهذه الحقيقة ينمو أكثر من ذي قبل وعلى قاعدة عريضة. إنها حقيقة، إن هناك عوامل في الحياة، وفى استغاثة الروح وفى أمور ارفع ممـا يستطيع الفن أن يعطيـه، ومع ذلك، هـذه القوانين مرتبطـة مع الأحاسيس الفنية. والإنسان في كل لحظة على وعي بالأحاسيس الفنية و الجمالية: عندما يصلي، عندما يحلل قوانين الطبيعة، عندما يفكر بأشخاص أعزاء عنده، وعندما يعمل. إنه من الطبيعي بالنسبة له أن يهدف لمنحهم الخلود، يجد فيهم أحد الطرق التي من خلالها يتصل برفقائه، كتاب معرفة عظيم بالعالم، والإنسان و الوجود، ونافذة عظيمة مفتوحة على

المستقبل. إذا اعتقدنا في بعض الأحيان أنٍ الصورة الفنية أو القطعة النحتية بعد ذلك كله على أنها ليست شيئاً رائعاً، فذلك بسبب كوننا ننظر إلى أعمال رديئة. معرفتنا بالعالم و الحياة محدودة جداً إحساسنا الطبيعي تواق إلى تفهم أعمق بماهية الأشياء. إذا كانت هناك لوحة فنية أو قطعة نحت تعطينا تفهما أمثل للحقيقة، إنطباعات بالجمال، كفاية جمالية ودقائق من التفكير المركز؛ إذا أثارت فينا توقا شديدا لوعي أرفع، و الإحساس الداخلي بوجود أسمى، وجعلتنا -بيداهة- نعترف بفوائد أحداث الماضي و التطور المستقبلي، عند ذلك، بكل تأكيد تكون قد حققت غايتها.

الهوامش

1 - هربرت ريد : ناقد فني وشاعر إنجليزي ، له مؤلفات كثيرة في الفن والشعر. (المترجم)

2 - هربرت ريد. معنى الفن.

3 - ماتيس، هنري: 1869 - 1954 درس الحقوق. تأثر بسيزان. من مؤسسي المدرسة الوحشية (المترجم)

4 - رفائيل : 1483 - 1520. اشتهر كمصور. له تصاميم معمارية كبيرة.

5 - عذراء السكستين.[106]

6 - القارئ المذهول.[107]

7 - أنظر أف. فرنكووسكي. "أفكار حول علوم الفن"[108].

8 - مع ذلك أن الإنجاز المهم لمتخصصي الفن في بريطانيا في

106 Modonna Sistine The

107 Reader Distracted The

108 Art 'l de science la sur Pensees

مجال علم الجمال يجب أن يؤكد عليه هنا. إذا لو كان كتاب السيد أ. ار. هوال، "معنى وهدف الفن" (لندن، 1945) والذي بكل تأكيد يضع إشارة في عهد تطور علوم الفن، نشر قبل هذه الملاحظات الحالية، لكان له نصيب وافر من الاقتباس وبحماس في هذا الكتاب. (مترجم الكتاب إلى الإنجليزية)

9 - غيرلندايو، دومينيكو[109] : 1449 - 1494. كان من معاصري دافنشي و ميكال انجلو ورفائيل.

10 - البهو الوطني[110]: لندن - بريطانيا.

11- إلاهات الحسن الثلاث : هن البنات الثلاث لهيرا و زوس في المثولوجيا الإغريقية. (المترجم)12 - الآن تنسب إلى ميناردي.

13 - فان جوخ : 1853 - 1890. ولد في هولندا، وعاش في باريس، كما عمل واعظا، ويعرف عنه انه قطع اذنه وارسلها الى غانية. (المترجم)

14 - بهو التيت: متحف الفن الحديث في مدينة لندن (المترجم).

15 - توجد الان كلوحة جدارية في الكرنك.

16 - الآلهة حاتور : توجد الان في متحف اللوفر (المترجم)

17 - الباروك : كلمة تعنى الؤلؤة غير المستوية الاطراف؛ وهي اسم لحركة فنية سيطرت على اوروبا منذ بداية القرن السابع عشر (المترجم).

18 - هـ تين.[111] : "فلسفة الفن".

19 - الفلمنك : اسم مدرسة فنية من إقليم الفلمنك -ألمانيا وبلجيكا وهولندا-. يرجع الكثيرين أساس هذه المدرسة الفنية إلى الفن القوطي، من أشهر رسامي هذه المدرسة: الاخوين فان ايك، مملنك 1430-1494، جيروم بوش 1450 - 1516، بيتر بروغل 1525 - 1569، روبنز 1577 - 1640، فان دايك 1599 - 1641، دورر 1471 -

109 .Gherlandaio

110 National gallery

111 .Taine. H

1528، هولباين 1497 - 1543. (المترجم)

20 - ديفيد، جاك لويس : 1748 - 1825. رشحه قريب له يعمل جزارا للرسم تحت يد الرسام فاين فى عام 1765. من مؤسسي الكلاسيكية الجديدة. من اشهر لوحاته "قسم الأخوة هوراس". رسام الثورة الفرنسية وقد استخدمه نابليون لأغراضه الدعائية. مات في بروكسل. (المترجم)

21 - مونية 1840 - 1926، وبيسارو 1830 - 1903 ، وسيسيلي 1839 - 1899، يمكن أن يذكروا هنا. (التواريخ اضافة المترجم)

22 - كوروجيو : 1494 - 1543، لا يعرف إلا القليل عن تاريخه، وكان فقيرا جدا. تأثر بالاساطير الاغريقية. يعزى موته الى أنه حمل كمية كبيرة من النقود النحاسية لمسافة طويلة تحت الشمس القاسية فأصابته الحمى ومات. (المترجم)

23 - مثالاً على ذلك، يمكن الإشارة إلى الكثير من الصور التى تمثل الهائل وعديم الروح، حتى من قبل فنانين عظماء مثل ديجا، رينوار، توليز لوتريك، وبدون ان نقول شيئا عن معاصيرينا ماتيس وبيكاسو.

ديجا، ادجر : 1834 - 1917 ولد في باريس من عائلة غنية جدا. تأثر ب مونيه وويستلر. شارك الانطباعيين عام 1874. (المترجم)

رينوار : فنان فرنسي من رواد المدرسة الانطباعية. 1919-1841 (المترجم)

تولوز لوتريك : فنان فرنسي 1901-1864 (المترجم)

بيكاسو، بابلو : 1881 - 1972، ولد في مالقا بإسبانيا ، زار فرنسا عام 1900 للمرة الأولى إلا انه ومنذ العام 1904 استقر فيها نهائيا. من مؤسسي المدرسة التكعيبية في الفن. (المترجم)

24 - مثال على ذلك: "أوتريلو" في رؤيته التلوينيه الخاصة، الناجحة: إحتمالاً كبيرا يشير إلى كونه ملون معماري.

222Data